人生不需要計畫，而是要活出自己的故事

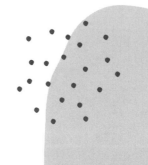

A Wonderful Life

Insights on Finding a Meaningful Existence

法蘭克・馬特拉 Frank Martela——著
新新——譯

歐美菁英人士推薦

這本書不僅讀起來令人愉快，而且是一次研究之旅。馬特拉將歷史、哲學和心理學中一些最吸引人的觀點匯集在一起，以解決最緊迫的問題：是什麼讓生活變得有意義？今天有太多的人懷疑他們的生命是否重要，在這本令人振奮和深思熟慮的著作中，馬特拉為我們每個人提供了實用的建議，使我們能夠在生活中找到更多的意義。

——**暢銷書《意義：邁向美好而深刻的人生》作者／艾蜜莉・艾斯法哈尼・史密斯**

尋找生命的意義，也許是我們所能進行的最重要的探索。而對於任何探索來說，有一個指南是至關重要的。《人生不需要計畫，而是要活出自己的故事》一書不但具有哲學探索性，又極具可讀性，是一本你可以在走向目標的過程中反覆參考的書。

——美國知名趨勢寫手、《紐約時報》暢銷書作者／丹尼爾．品克

這是一本精采而迷人的書，以通俗易懂的語言、幽默和洞察力解決了生命中最宏大的問題……充滿了軼事、歷史、深思熟慮、觀點和有趣的論述。如果你對生命的意義有任何好奇——誰不好奇？這本書是一個令人耳目一新的重要資源。

——美國社會心理學家、《紐約時報》暢銷書作者／羅伊．鮑邁斯特

研究表明，我們最幸福的時候，不是當我們有更多的東西或榮譽時，而是當我們擁有更多的意義時。《人生不需要計畫，而是要活出自己的故事》是一本詼諧而勵志的指南，幫助你過上有意義的生活。通過對心理學、哲學和文學的專業借鑑，他的書在豐富你的同時也會給你帶來娛樂。

——美國心理學家、史丹佛大學關懷與無私研究教育中心科學主任

／艾瑪・賽佩拉

【推薦序】

每個人都能享受的生命意義思辨手冊

哲學雞蛋糕腦闆／朱家安

生命意義的問題難搞，因為許多直覺上的想法常常通往更難解的困惑。若你認為人的生命有意義，似乎得要有辦法說那意義是什麼？如何可能？像是，若洗衣機存在的意義取決於洗衣機存在的原因（提示：幫人洗衣服），那人類會不會也類似呢？但若是如此，代表我們的生命意義來自父母、基因或者上帝嗎？假設我們其實是外星人豢養來做為緊急糧食的，難道我們的生命意義會是有朝一日被吃嗎？

另一方面，當然也有人主張生命沒意義：人類如此渺小，不管你現在做什麼千萬年之後看來根本沒差……之類。然而借用哲學家湯瑪斯・內格爾（Thomas Nagel）的洞見，若現在的事情對千萬年之後的世界並不重要，那千萬年之後的事情對現在有什麼重要的呢？我們為什麼要為了千萬年之後的事，去改變對於當下價值的看法？

抽象的哲學問題似乎永遠都有討論空間，好在人類具體的生理心理結構和社會結構都是給定的，怎樣能讓人「感覺」生命有意義，自然也有可靠的答案可找。生命的意義到底是什麼？是取決於獨立於人類心靈而客觀存在的某種東西嗎？還是總是倚賴人類主觀認同的事實和價值？我們可能很難確定，但藉由心理學和社會科學，我們可以知道哪些事情在當前社會容易讓你感到快樂和充實，覺得生命有意義。（這看似矛盾，其實並不。「愛是什麼？」是很難回答的哲學問題，但「怎樣會讓人感覺到愛？」則不但是科學問題，而且你可能早已感受過答案。）

當然，就算不倚賴這議題，哲學本身也有值得探究的深度和價值，不過讓我們面對現實，當人問「生命意義是什麼？」、「我們真有生命意義嗎？」他們不見得真的是想要報名參加哲學研討會。或許有時候當我們問生命意義的哲學問題，我們期待的其實是讓生活裡有恰到好處的快樂、充實和挑戰，讓我們不需要因為空虛而閒到去問生命意義的哲學問題。

這本書提供的，就是恰到好處的哲學，以及恰到好處的科學。若你的問題是生活空虛缺乏實感，本書第三部分蒐集了可望改善情況的科學建議（當然，若你其實需要精神醫學協助，那就另當別論）。若你的問題在於想要了解生命意義問題的哲學趣味，本書第一部分示範了怎樣用簡單的哲學分析——例如區分「生命的意義」和「生命中的意義」——來讓相關思考更清晰。本書並不是「生命意義概論：當代篇」，因此並沒介紹現代哲學家在生命意義上的各種主要理論，但本書的第二部分對生命意義問題在西方歷史上的起源給了一個相當有趣的分析。這些討論不預設知識背景，任何人都能進入。

在我看來，要滿足關於生命意義的各種需求：個人的、哲學的、歷史的、科學的，本書是很理想的第一步，周全而不偏廢。你更可以把本書理解成「生命意義抓週」：它提供跟生命意義討論有關的跨領域地圖，讓你掌握基本認知，好繼續前進。例如，若你對當中的哲學論證特別感興趣，可以進一步挑戰朱立安．巴吉尼（Julian Baggini）的《我們為什麼要活著》，若你對帶來幸福和充實感的科學感興趣，可以嘗試艾蜜莉・艾斯法哈尼・史密斯（Emily Esfahani Smith）的《意義》，若你想了解現代社會如何威脅生命中的意義感，可以參考邁可・桑德爾（Michael J. Sandel）《成功的反思》以及大衛・格雷伯（David Graeber）《40％的工作沒意義，為什麼還搶著做？》。

生命意義的問題可能沒答案，但這並不代表生命意義的困惑無法舒緩、生命意義的討論無法帶來樂趣，要享受後面這些好東西，本書是好的開始。

Contents

引言

我是怎麼來到這個世上的？為什麼沒人先問過我，怎麼沒有人先通知我各種規定和規則，就直接把我扔進人群……？我是怎麼踏進這名為現實的大型企業？為什麼我得加入？這有得選嗎？如果我是被強迫參加，經理在哪裡？我得跟他談談。沒有經理？這下我該向誰抱怨？

——索倫・齊克果，《重複》，一八四三年出版

你是何時驚覺人生沒有意義？是在這樣的時刻嗎？你吃著本週第三頓微波晚餐，同時思考著番茄醬的風味以及對健康的助益。還是發生在凌晨兩點？你完成緊急工作事項後，按下傳送鍵，接著意識到世界多半不會因為你的成就而有所進展。或許你遭逢了足以改變人生的悲劇，卻發現自己並沒有努力去完成這輩子真正的想望。或許你只是某天早上醒來，盯著浴室鏡子裡的自己，思索著這稱作人生的瘋狂小玩意是否不僅如此。

別擔心，你並不孤單。本書中將有許多偉大的思想家及哲學家陪伴你，他們都面臨到存在的無足輕重，最終尋得勵志且奮起的意義感。

生而為人，我們渴望自己的生命是重要的、有價值的，而且有意義。根據心理學教授羅伊．鮑邁斯特（Roy Baumeister）提出的論點，我們「本能就想尋求意義」。缺乏意義會造成心理上的嚴重剝奪感，與憂鬱甚至自殺有關。對於人類的動機與幸福感，或者更概略一點，擁有值得一活的人生，意義都至關重要。確實，許多研究指出，如果擁有強而有力的人生目標，通常會活得比較久。身為大屠殺倖存者，又是知名心理學家的維克多．弗蘭克（Viktor Frankl），他在集中營裡面親身觀察到這樣的情況。那麼痛苦難忍的情況下，只有能夠繼續保有生存意義的人，才有機會活下來。他很喜歡引用尼采的句子：「只有知道自己為何而活的人，才能承受所有如何生存的問題。」

問題在於，針對這不可迴避的「為何」，西方文化越來越無力提供令人滿意的答案。從古至今，大多數文明世界都回應過這份對意義的渴望，他們提供了穩定的文化框架，並且納入這項人生的大哉問。當我們的先祖問起：「我該如何度過一生？」他們會尋求他們的文化架構提供指引，包括社會中穩定的習俗、信仰，以及組織。然而，當前文化時代動搖了古老的意義架構。現代科學大幅提升生活水準，也擺脫舊時代的價值觀與解釋之道，但卻無法提供嶄新且堅實的基礎，建構人類的意義與價值觀。道德史專家阿拉斯代爾・麥金泰（Alasdair MacIntyre），這位蘇格蘭哲學家主張，現代的西方價值建構在舊有世界觀的碎片之上，這非常不合理。西方世界繼承特定價值觀，但失去了內涵更寬廣的世界觀，在過去，他們以此為基準，以此解釋自己的行為。世俗化以及個人主義的西方世界觀，近來在世界各地的影響力越來越大。

理想的現代化社會世界觀之下，你可以自由尋求自己的生命意義來源，然後根據你自身選擇的價值觀，開拓自己獨一無二的路線。不幸的是，你不但不覺得自由，反而只感到空虛。你工作得更認真，方法也更聰明，比之前的世代更有效率，不過你卻越來越迷惘，無法解釋為什麼這麼逼迫自己。你單調乏味的工作有什麼目的？你已經心甘情願地落入作家提姆．克里德（Tim Kreider）所說的〈忙碌陷阱〉（The Busy Trap），他的描述充滿說服力：「忙碌成為某種存在的保證，阻隔空虛感的圍籬。如果你那麼忙、行程全滿、一天內無時無刻都有人需要你，那你的生命顯然就不愚蠢，不會微不足道，或者毫無意義。」你會盡力保持這種忙碌感與急迫感，避免讓自己無聊，也避免獨自面對自己的思緒。為了逃避思考自己這輩子真正想要的是什麼，人類似乎甘願遵照權威人士的指示，追求對方指示的任何目標。這解釋了當代存在主義哲學家伊多．蘭度（Iddo Landau）提到的反常現象：「許多人花了許多心力考慮晚上打算造訪哪間餐廳，或者看什麼電影，相較之下，他們這輩子為了讓人生更有意義的考量，都沒那麼慎重。」

為了自行選擇要過怎樣的人生，掌握自己人生的船舵，你必須清楚知道自己打算前往何方。因此你需要核心價值，指引自己度過人生中遭遇的挑戰。也因此，你要花點時間思考並且對你的人生選擇提出疑問，勇於面對存在表象之下的任何存在疑問。許多思考者非常有名且存在已久，從列夫．托爾斯泰（Leo Tolstoy）和湯瑪斯．卡萊爾（Thomas Carlyle），到西蒙．波娃（Simone de Beauvoir）與索倫．齊克果，再到艾倫．沃茲（Alan W. Watts），沃茲發現，唯有面對生命的荒謬，同時擁抱存在的微不足道，你才能解放自我，找到生命中更穩固的意義感。關於意義，本書提供不同的思考方式，訴諸我們共同的人性，如此一來，無論你來自哪個文化、擁有何種信仰，或在其他方面有所不同，這個方式都能引導你邁向更為充實、更有意義的人生。

我想幫助你，讓你成為更有意義的存在。十年來，我研究了哲學、心理學，還有人生意義的歷史，這些研究讓我了解到，辨識讓生命更有意義的要素，其實比想像中簡單。事實上，你的生活可能充滿意義，只要你能夠敞開心胸去觀看、去感覺。人生的意義之所以常常讓人覺得有如痛苦又難解的謎團，那是因為我們的文化沿用舊有模式，思考不再有意義的問題。只要能調整思考模式，你會發現答案就在日常生活中。這本書說明了人類起初為什麼想尋求意義，檢視那些由舊時錯誤導致的當代存在焦慮，提供你可以輕鬆適用的方向，邁向更有意義的存在。某些見解可能看似怪異，有些則了無新意，不過還有一些你可能早已內化。然而，這些見解共同構築了堅實穩定的基礎，你能藉此建構令人滿足、正面積極，更有意義的存在。

誕生於世不是你的選擇，沒有人問過你是否同意參與，沒有人提供你操作手冊。但你人在這裡，被扔進這個世界，你必須行動，在有限的存在時間之中創造出某種意義。而且最好可以盡早搞清楚，以免一切太遲。就像電影《鬥陣俱樂部》（*Fight Club*）中的敘事者愛德華．諾頓（Edward Norton）說過的：「這是你的人生，而時間正一分一秒流逝。」

Part 1

人類為何追尋意義

1 超越生命的荒謬

生活的框架是會坍塌的。起床、搭電車、在辦公室或工廠四個小時、吃飯、搭電車、又花了四個小時工作、吃飯、睡覺，星期一、星期二、星期三、星期四、星期五、星期六順著相同的節奏，大多數時候，這樣的持續是很容易的。然而，一旦某一天，心裡浮現「這到底是為了什麼」這個疑問，在帶著驚訝不解的厭倦之中，一切便開始了。

——卡繆，《薛西弗斯的神話》，一九五五年出版

生命很荒謬，不過那也沒關係。在《薛西弗斯的神話》一書中，卡繆仔細探討了這項主題。這本書是存在主義文學的經典，標題源自薛西弗斯的傳說，這名古希臘人冒犯天神，於是承受永無休止的懲罰：他推著巨石上山，只為了看著石頭再一次滾下山坡，然後又推回山上，永無止境。卡繆認為薛西弗斯是荒謬的英雄，希臘神話故事版本的菲爾．康納（Phil Connors）。菲爾．康納是個虛構角色，電影《今天暫時停止》（*Groundhog Day*）中，賓州旁蘇托尼鎮的電視氣象播報員。他試了各種方法，甚至還嘗試自殺，只為終止自己那單調乏味的存在。然而，康納每天都在同一個小鎮上，被收音機傳來的同一首歌曲叫醒，命中注定要遵照和他生命一樣缺乏意義的生活軌跡。他說：「我待過維京群島，我遇到一個女孩。我們吃了龍蝦，喝著鳳梨可樂達。日落時分，我們像海獺那樣做愛。那是個相當美好的日子，為什麼我不能不停重複那一天呢？」我們應該都能體會這樣的情緒吧？就連在一個美好的日子裡，我們也常感覺生命像是困在某個永無止境的循環裡。

沒有錯，身為生命的作者，你投入了非常多。但是有些時候，你可能會突然察覺到，從宇宙的觀點來看，你的生活可能渺小、偶然，不具備獨特的價值。你覺得你的人生很有價值，和意識到你可能無法合理解釋這種感受，這之間的落差正是荒謬的概念。哲學家托德．梅（Todd May）稱之為「我們對意義的需求，以及宇宙不願意順從我們的需求，因此而產生的衝突。」只要你無法清楚表達，為什麼你的行動有價值，或者你的人生是否值得一活，就會讓你碰上這樣的困境。個人、家庭或者社會都存在價值框架，這些框架可以告訴你哪些真正具有價值，如果你失去了和這些事物之間的聯繫，就會產生此種衝突。

西方文化中，越來越容易發生這種情況。社會學家羅伯特・貝拉（Robert Bellah）分析美國社會的經典之作《心的習性》（*Habits of the Heart*）一書中提到，當代美國人的道德風景已經限縮為個人的利己觀點，事實上，美好生活的最終目標已經變成「取決於個人選擇」。人們不再覺得他們受到扎實的文化框架引導，他們不是弄清楚該怎麼生活，而是覺得被迫選擇該怎麼生活。如同沙特（Jean-Paul Sartre）所說的：「如果上帝並不存在，那我們做什麼都可以。」

想想看：蓋洛普在二〇〇七年進行過一份全球民調，調查了一百三十二個不同國家，超過十四萬人。「你是否感覺自己的人生有重要的目標或意義？」每當進行跨國大型調查，了解人類的幸福感或生活滿意度，研究人員通常會發現同樣的結果重複出現：較為富裕的國家（以國內生產毛額ＧＤＰ為基準）和較為貧窮的國家相比之下，前者的國民通常較後者的國民來得快樂，反之亦然。不過當研究人員比對此次蓋洛普調查研究不同問題的答案：儘管世界上百分之九十一的人能在日常生活中找到意義，不過來自較為富裕的國家（比方英國、丹麥、法國和日本）的國民最容易回答生活缺少目的或意義，而較貧窮的國家（像是寮國、塞內加爾和獅子山共和國），幾乎每個人都認為自己活得很有意義。生命缺乏意義的富裕國家，通常也是自殺率較高的國家。

對我們大部分的人而言，存在的不適感有如浪潮，快速卻也清晰地沖刷而過，只留下印象與感受，令我們覺得或許生命不是本該成為的樣子。然後早上鬧鐘聲響起，又是新的一天，你準備好再次衝出門去，畢竟還有塊巨石等你去推。不過還是可能建構出一個世界觀，禁得起荒謬的挑戰，這個世界觀不僅能兼容現代科學的概念，接受其所描述的宇宙和人類在其中的角色，同時也保留了合理的價值觀、意義感，以及可持續發展的幸福感。不過首先，我們要來看看荒謬的概念，以便了解這種觀念是如何摧毀了宏大無比的意義感。只有如此，你才能真正開始前進，獲致人類的自由。

2

你完全不重要，短暫且隨機，那也沒有關係

我們這個世紀揭露了不可思議的巨大與難以想像的渺小，地質時間回溯至我們根本不存在的年代，不停出現的無數星系，不確定的次原子動態，事物的核心存在著狂亂的數學暴力，我們可能沒有發現那已經深深灼痛了自己。

——約翰・厄普代克，《批判演化論》，一九八五年出版

如前所述，荒謬是指世界未能產出你所尋求的意義性。這種思

考模式起初完全無害，接著卻挖得太深，揭開存在的面紗，忽然之間，你直面生命的荒誕。一般來說，你有可能會從三個面向承受荒誕的衝擊：你了解到人生似乎不重要、短暫，或者人生中所有的價值和目標感覺起來十分隨機。我們進一步檢視這三個乘著荒誕而來的騎士，因為想要找到通過的途徑，必須好好凝視深淵。

關於不重要

再一次仔細觀察那個小點，那是這裡，那是家，那是我們。每個你愛的人，每個你認識的人，每個你曾經聽說過的人，每個曾經在此過完一生的人……都活在這個沐浴於陽光中的小塵埃之上。

——美國天文學家卡爾・薩根於一九九四年，評述航海家一號離開太陽系前所拍下的最後一張照片

如果將宇宙的年份（大約一百四十億年）以二十四小時來表示，我們人類會在午夜前十五秒開始慢慢往前爬，你個人的生命轉瞬結束。從宇宙的角度來看，究竟何謂重要，思考這件事可能需要做足心理準備，而且肯定會加劇對於存在的困惑：想想那些星球和星系，各個充滿了數不盡的閃亮星星，以及令人印象深刻的太陽系。你怎麼會知道宇宙究竟定義了何種價值，更別提你的人生了。如同美國天文學家尼爾・迪格拉斯・泰森（Neil deGrasse Tyson）寫過的：「宇宙沒有義務對你有意義。」要不是這種情緒確實存在，其實聽起來還滿幽默的。

過去不是這樣：我們的祖先相信地球是萬事萬物的中心。人類是上帝的焦點，反之亦然。多數文化的創世神話中，在宇宙成型的劇本裡面，人類總是要角。生活在二十一世紀的詛咒，在於我們知道了天體物理學、宇宙學，還有其他學科，我們知道的太多了。今日，對於宇宙的組成比例，還有存在我們之前廣闊的歷史長河，我們擁有以事實為基礎、確切的科學知識，結果不可避免地導向跟哲學家湯瑪斯·內格爾（Thomas Nagel）相同的結論：「在這廣大無邊的宇宙中，我們只是微小的存在。」

關於短暫

任何人如果喪失了自認永遠屬於自己的東西，最後一定會了解到，其實沒有什麼東西真正屬於自己。

——**保羅·科爾賀，《愛的十一分鐘》，二〇〇五年出版**

身為短暫的生物，你寄居的身體會老化、會得病，最後會死去，而後分解。然而，短暫的感受並不只是源自死亡。生命的本質，我們的肉體、情感，與認知到的幸福感，都是短暫的。從這分鐘過渡到下一分鐘，一切都在改變與轉移。佛教徒特別能適應短暫的概念，他們稱之為無常（anicca），並且視其為存在的三項基本元素之一，佛教因此認為所有的生命都倏忽即逝，狀態恆常變動，終至消解。儘管如此，你不需要成為佛教徒才能處理生命短暫的念頭。這些就是荒誕的蟲洞，這會讓人忍不住論斷，如果軀殼必然消解，那麼人生在世一遭本身就沒有意義。

關於隨機

要秉公執法，如果無法秉公，就自由心證吧。

——威廉·布洛斯，《裸體午餐》，一九五九年出版

生命隨機性的中心議題，在於我們的志向、目標和價值缺乏終極正當性。我們非常認真看待某些人生準則與價值，甚至以此做為人生選擇與行動的依據。不過這些偉大的價值是否終歸有所依據，或者只是我們在隨機狀態中認可的偏好？雖然我們比較希望自身的價值觀是基於宇宙的運作模式，但我們也漸漸意識到宇宙不包含任何價值判斷，對我們也沒有任何的意見。愛因斯坦的相對論並未提及，為什麼事物應該具備意義或價值，實體宇宙沒有偏好。

人生是怪異的集合體，由能夠自我複製增生的物質所組成，隨機地選擇了宇宙史上某個時間點登場。生命不會產生客觀的價值，價值觀完全是人類的發明；事實上，人類的價值觀和動物性偏好，兩者唯一的區別，在於前者較能自省，並且能夠以言語表達。看著紙張上的墨水，你不用多想就會看見字母和文字。不過墨水就只是墨水，文字只存在於你的腦中，由你來演繹。價值觀也一樣，你的價值觀底下並無他物。你的價值觀之所以存在，只是因為你和你身邊的人都認同。

越來越多人認為，每個人都能自由選擇自身的人生目標與價值觀。然而此事令人憂心，因為如果你的目標和價值觀僅僅取決於個人，那麼說到底，沒有什麼事會比較值得嘗試。如果我們需要為了自己行動的重要性尋覓永恆的終極理由，那麼身為社會的一份子，我們似乎失去了共同價值觀。

不歸路

你可能僅僅是浮游在宇宙中的淺藍小點之上，個人的存在既不重要，而且短暫又隨機，這種存在的觀點似乎很慘澹。雖然你大概不會天天思考著這些荒謬之事，不過可以肯定的說，思考這件事會留下深刻的印象。如同列夫．托爾斯泰的《懺悔錄》（*Confession*）所述：「我們無法不知已知之事。」若有朝一日，你發現人類的生命可能不存在既定的宇宙價值，之後就再也無法忘記。既然沒有回頭路，就只能往前進。幸運的是，儘管知道這一點，還是可以活得朝氣蓬勃、充滿創意，而且快樂。你本身就擁有必要的工具，馬上就能創造出更有意義的生命，正如同本書後續章節所述。

不過，比起迎頭面對眼前的現實，大部分人選擇不同的解決途徑，縱容自己採取非常複雜的方法，來讓自己分心。所有行業也由此蓬勃茁壯：如果不想處理這種荒謬的狀況，你還有數不清的方式可以獲得娛樂，並容許自己拒絕接受。從自拍到上臉書點讚，還有隨手可下載的娛樂，或是購物療法。因此，雖然知道人生可能沒有意義，但是察覺這惱人之處，並不常直接使人否定意義的存在，反而比較常導致對於個人生命、目標與價值觀，產生隱約的不適感、防衛心，以及不安全感。要是生活上一切順利，或許你就能壓抑對於存在的質疑。不過要是事情出了差錯（感情、健康狀況、工作、或者精神狀況），擁有穩定、支持的概念框架對你最為有益，因為那能賦予你的磨難某些價值，你或許能發展出敏銳的意識，察覺自身價值觀的黯然與不穩定之處。這就是為什麼在面對存在疑問時，分心並非良好的長期策略。我們的文化中許多的分心之道都是用來填補空虛，或許最為廣泛的意識形態就是，你必須很快樂。不過追求幸福快樂存在著悖論，我們下一章將會探討這一點。

3 幸福是個糟糕的人生目標

那些專注於自身幸福之外事物的人，（我認為）只有他們才是快樂的；這些人關心旁人的幸福，專注於使人類更好，甚至某些藝術或愛好，他們並非視之為手段，其本身就是理想目標。雖然他們的目標是其他事物，但他們也順道找到了幸福。

——約翰·彌爾，《約翰·彌爾自傳》，一八七三年出版

我們的先祖曾經透過偉大的故事抑制對於意義的渴望，然而如今已失去聯繫，我們進行心理分析，並將人類的存在簡化為離苦得樂的樣板。幸福取代先前的超凡價值觀，成為值得我們渴求的人生目標。因此，現代西方文化中，快樂變成了最令人額手稱慶的人生目標。這也是一門大生意：這個主題在西元二〇〇〇年不過出版了五十本書，八年之後，出版書籍的數量增加至將近四千本。今日，豪華企業聘雇幸福長，協助確保員工的幸福感，從飲料到香水，各式商品的行銷手法都強調提供消費者整罐裝的快樂。

甚至就連政府也越來越注意這一點，全球幸福報告（World Happiness Report）按照國民自我感知的幸福程度，將一百五十六個國家排名，此份報告於二〇一二年首次發布，自此之後成了備受全球期待的報告。從一九七〇年代以來，不丹這個迷你國家持續保持他們政府的目標，維持領先的國民幸福總值（Gross National Happiness），而非國民生產總值（Gross Domestic Product）。雜誌文章、書籍、歌曲、廣告，以及行銷計畫，還有學術研究，無不投入此項主題。我們可以大膽地說，今日對於快樂的平等主義，那種把握當下、獲得快樂的概念已成為一種執迷，這個社會不只將這種追求視為個人的權利，更是個人的義務。

起源自中世紀的英文單詞「hap」，意指「運氣」或者「機會」，快樂一開始和好運比較有關，而後轉變為一種內在的幸福狀態。從義大利文到瑞典語，多數歐洲語言中的「快樂」一字，原本都是「幸運」之意，包括芬蘭語中的快樂「onnellisuus」，同樣衍生自表示「好運」的「onnekkuus」。德語提供了「Glück」，這個字在今天同時代表著「快樂」以及「機會」。根據原始定義，人類對於快樂的理解比較偏向機遇，並非由你控制。此事掌握在眾神之手，或者憑運氣，就像英國中世紀作家喬叟（Chaucer）在《坎特伯里故事集》

（*Canterbury Tales*）中對於運氣的描寫：「正因命運之輪難以預料，快樂也會讓人陷於憂傷之中。」做為專有名詞的「運氣」，出自上帝之手，與個人所採取的行動和情緒狀態完全無關。這種對於外在環境的關注反映了當時的文化，相較於今日的我們，那時候的人們比較不關心內在感受。

十七到十八世紀之間，快樂的觀念開始漸漸從外在的順遂，轉向內在的感受，或存在的狀態。湯瑪斯・傑佛遜（Thomas Jefferson）起草的《美國獨立宣言》，其中有個著名的段落，關於「生命、自由和追求幸福的權利」，他所說的「幸福」可能還是暗示著外在的順遂。此後幸福快樂的意思多多少少轉為指涉正向的內在感受，或者對於個人生命的正向體驗。

伴隨著此種全新的定義，還有另一項關鍵性突破：我們有了這樣的想法，我們認為人類就是應該快樂，快樂是值得追求的人生目標。起初，由於《美國獨立宣言》中明文寫到，於是社會把幸福當作目標。特別在一九六〇年代之後，西方社會越來越把幸福視為個人目標與責任。因此，快樂生活成了文化規範、顯而易見的生活目標。因為我們的文化告訴我們，你應該快樂，所以我們想變得快樂。我們內化了此種道德規範，人類的幸福是透過本身的感受來衡量。幸福快樂已成我們這個世代不容質疑的信仰，我們應當渴望的理想狀態。

不過，重點來了！幸福快樂不過是種感受，這是豐沛的正向情緒，或者個人對於生命現況與體驗的滿意狀態。儘管擁有快樂愉悅的生命經驗，好過不快樂的經驗，但是幸福快樂本身並不會令人覺得生命充滿意義，也不是避免不安存在的方法。

世界上許多地方，幸福快樂並未被置於神壇。我曾經跟中國心理學教授長談，他向我解釋，在他父母親那一代，個人的幸福無關緊要。個人的不幸，反而被視為榮譽的象徵。代表個人犧牲小我，成就整個家庭或國家。他們普遍認為這類犧牲的價值，遠高於短暫的快樂。與此呼應的是一份二〇〇四年的研究，研究人員請美國和中國大學生針對「何謂幸福？」寫一段短文，許多美國學生強調快樂的重要性，認為那是至高無上的目標；相反地，中國學生的筆下就缺乏此類強烈的陳述，不會提及快樂的價值以及對它的追求。所以首先要注意的就是，幸福快樂不是顯而易見的人生目標，重要性在各個文化中也有所不同。

其次，把幸福快樂當成人生目標，常會一不小心適得其反，也很可能會削弱你早已感受到的幸福感。艾瑞克・魏納（Eric Weiner）

為了撰寫《尋找快樂之國》（*The Geography of Bliss*），他訪問了一位想找地方定居的女子欣西亞，她拿出一張地圖，決心計算自己在什麼地方會過得最開心。她想生活在擁有豐富文化景觀的地點，還要有不錯的食物選擇，而且距離大自然不遠，最好靠近山區。最後她選定北卡羅來納州的阿什維爾，那個城鎮雖然不大，不過擁有豐富的文化內涵，而且四周都是高山和自然環境。不過面對魏納提出的問題：是否認為阿什維爾是自己的家？欣西亞遲疑了。阿什維爾幾乎符合她所有的標準，但仍不夠完美。她仍在尋找，儘管已經在阿什維爾生活了三年，不過她認為這個地方是「目前的家」。魏納觀察到，這就是「像欣西亞這樣逐幸福快樂而居的人會碰上的問題，我們許多美國人和對於幸福快樂的追尋也一樣。我們目前可能相當快樂，不過永遠還有明天，還能盼望碰上更快樂的地方、更快樂的生活。我們眼前有著各種選項，但我們從來就不會全心投入。」他繼續寫道：「我認為這樣很危險，要是我們永遠有一隻腳留在門外，我們就無法愛上某地，或者某人。」

因為急著想從每天的日常生活中獲得最大程度的快樂，魏納訪問的人對任何事物都無法全心投入，他們已失去了享受生命原本樣貌的能力。而說到尋求幸福卻適得其反，這絕對不可能是唯一的例子。最堅定於自身幸福快樂極大化的人，通常是最不能享受生命的人，不僅能從心理學研究看出這一點，而且只關心個人幸福快樂也會傷害與他人的關係，真正的幸福快樂通常源自於此。最後，主流社會規範希望每個人都快樂，事實上只是讓我們更難忍受生命中必然存在的不快樂時刻。不快樂的感受就此成了雙重負擔：你不只是覺得不快樂，甚至因此覺得沒能達到社會規範而充滿罪惡感，社會希望我們所有人都能無時無刻快快樂樂地生活。

如果跟我們想的不一樣，幸福快樂不是生命的主要目標呢？我們重視許多事物，愛、友誼、成就，還有能夠表達自己的能力，不是因為這些事物會帶來正面的感受，只是因為這些事物如果能使我們的生命更加豐富，他們本身就具有價值。例如友誼的好處，不能只從可以挖掘多少正面的情緒來判斷。一段真正的友誼，在朋友遭遇困難的時刻反而特別可以看出價值，比方說當朋友生了重病，或者經歷需要支持援助的危機時刻。我們在困難的時刻也很重視朋友，儘管並非時時刻刻開心有趣，但我們很清楚，自己的支援也同樣能豐富彼此的生命。人類很複雜，我們在乎生命中許許多多的事物，而不僅僅是正向感受的存在與否。能夠感受幸福快樂是件好事，不過把這當作生命唯一的目標，則是太小看人類在生命中真正重視的價值觀有多麼豐富多樣。

話雖如此，我們的文化仍然充滿了這樣的提醒，告訴我們應該要快樂，很難不把幸福快樂當作追求的目標。打開電視（特別是在廣告時段），我們會看到所有產業的人，他們面帶微笑、看來健康而且美麗地推銷幸福快樂，就像那是整組打包好的產品。不要被這些假的預言家矇騙，別犧牲生命中的美好事物，只是徒勞地想要變得更快樂。快樂不過是種感受，僅此而已。真正的價值不是來自於快樂本身，而是因為追求其他更有價值的東西所產生的副產品。因此討論到什麼可以讓我們的人生真正充滿價值與意義時，追求個人幸福快樂是個糟糕的答案。

快樂與重金屬：一言難盡

我想指出，以人均比例來看，芬蘭或許擁有全球最多的重金屬樂團，而且在政府治理上也是名列前茅，我不確定這之間是否存在任何關聯。

——巴拉克·歐巴馬總統，二〇一六年美國與北歐五國峰會

在二〇一八和二〇一九兩年，「全球幸福報告」都將芬蘭列為全球最快樂的國家。只要評量全世界的總體生命滿意度，芬蘭和其他北歐國家，包括瑞典、挪威、丹麥與冰島，全都名列前十，相對而言，它們在社會穩定、安全與自由度上也都表現出眾。這些地方的氣溫定期會降到零度以下，而且有些城鎮在長長的冬天會經歷永夜，芬蘭人有什麼好開心的呢？原來就是：一大堆重金屬音樂。

重金屬音樂向來名聲不佳，不過在芬蘭並非如此。如果流行音樂意味著充滿愛的夏日，重金屬就是流行音樂陰鬱的表兄弟，而在以黑暗及寒冬聞名的國家中，芬蘭的重金屬樂團人均數多於世界上其他地方：大約每十萬人中，會有六十三個樂團。在芬蘭，重金屬是王者，主宰主流電臺及當地的卡拉ＯＫ酒吧等地。身為芬蘭的熱門樂團之一，死神之子（Children of Bodom）更是王者中的王者，從芬蘭的赫爾辛基到巴西的里約熱內盧，他們的演出門票場場完售。說來有趣，擁有這麼大量的重金屬搖滾樂迷，這個發祥地也有自己的矛盾之處，直接反映在芬蘭的快樂以及憂鬱症數據。

根據蓋洛普的世界民意調查，二〇一九年全球幸福報告詢問了一百五十六個國家的人民，請他們「用0到10來評價自己今日的生活，最糟是0，最好是10」。針對這個問題，芬蘭人的平均分數是全球最高。芬蘭的排名其實一點都不令人意外，因為相較於其他國家，芬蘭在社會指數的進步表現非常突出，我們從研究中了解這些社會價值對於人們衡量生命的滿意度至關重要：人民不用每天掙扎於如何填飽肚子，能夠得到全面的社會照顧，不需生活在壓迫之下，並且信任政府。

然而，幸福不僅止於活得滿意，有些人認為正向情緒更為重要。不過當你檢視正面的情緒體驗，事情就大不相同。突然之間，像是巴拉圭、瓜地馬拉和哥斯大黎加這樣的國家成了世界上最快樂的地方，芬蘭不再名列前茅，不過對於這一點也不用太意外，因為芬蘭人是出了名的謙遜自制，不會輕易展現自己的情緒。有個古老的笑話說，內向的芬蘭人跟你說話的時候會盯著自己的鞋子看，而外向的芬蘭人則會盯著你的鞋子看。

檢視不同國家的憂鬱症流行度，狀況變得更為複雜。檢視人均單極性憂鬱症的流行率，美國和芬蘭這類國家很接近榜首。儘管國際間憂鬱症的比較存在顯著瑕疵，也有其他研究指出，芬蘭的憂鬱症率很接近歐洲的平均值，不過還是可以發現，芬蘭不怎麼擅長避免憂鬱症的發生。同個國家可以在對生命的滿意度和憂鬱症發生率同時名列前茅，看來是件矛盾的事。

歸結來說，世界上沒有哪件事叫做幸福快樂。人類的感情很複雜，對人生的滿意度跟正向情緒有所不同，沒有負面情緒與憂鬱也不同。如果幸福快樂容易出現正面情緒（先不提是否展現出來），芬蘭不是最快樂的國家；如果幸福快樂是不會憂鬱，芬蘭不是最快樂的國家。不過，如果幸福快樂是在討論個人生命概括性的滿意度，那麼芬蘭和其他的北歐國家可能就是地球上最快樂的地方。

除此之外，如果不考慮重金屬搖滾樂對於芬蘭人幸福感的影響力，那就太草率了。對於一個以居民的謙遜天性為傲的國家，重金屬搖滾樂跟他們的民族性正好相反，因此提供了宣洩的管道。它也提供了可以表達負面感受的途徑，可以吶喊出來，而非試圖壓抑。事實上，這件事的重要性可能超過我們一般人的理解。為了個人的情緒健康著想，能夠體驗各種不同的情緒是比較好的。壓抑所謂的負面情緒（例如透過許多重金屬歌曲宣洩憤怒）通常不是個好主意，而且常常反而降低了幸福感。壓抑且不容許表達負面情緒的文化是不健康的，而且可能會對個人的心理健康造成不良影響。因此，擁有可以盡情表達個人情緒的途徑非常重要。重金屬搖滾樂可能是個喊出來的好方法。問題在於：要是重金屬搖滾樂迷住在白雪皚皚的森林中，會有人聽見他的聲音嗎？無論是否有人聽見，他大概都會更了解自己以及自己的情緒感受，而不像他拘謹的、常常需要勉強露出微笑的表哥。

與金錢無關

人們常常誤解，把財務上的成功等同於幸福快樂。這種想法只適用於廣告公司，還有那些銷售特定產品的企業，他們會說服你這些產品與個人的幸福快樂有關。研究指出，只有對於那些收入較低的人，金錢才能強烈地影響幸福感。要是付不起房租或者日常用品，或者日常所需的保險與照護，人們會強烈感受到金錢對於幸福快樂的影響。在這些狀況下，額外的收入會造成巨大的差異。一旦你的基本需求得到滿足，那麼財富對幸福快樂的影響力就越來越小。幾項研究指出，收入超過特定數字後，增加金錢只有非常些微的影響，甚至根本沒有影響。最近的一份報告甚至發現，事實上，收入超過某個水準之後，人們的正面情緒和生命的滿足感開始降低。

在北美洲，生活滿足感在超過九萬五千美金之後不再提升，至於正面情緒則是六千美金。在西歐，生活滿足感的轉捩點在十萬美金，正面情緒五萬五千美金。東歐對於人生的滿足感只需要四萬五千美金，正向情緒則是三萬五千美金。除此之外，許多工業化國家雖然在財務收入上有長足的進步，但卻沒有轉換成更多的幸福快樂。根據美國社會心理學家強納森．海特（Jonathan Haidt）總結以上寫道：「過去五十年當中，儘管許多工業化國家的財富已經翻倍或三倍，人們對於幸福快樂以及生命滿意程度的看法並沒有改變，而憂鬱症真的變得更為普遍。」一旦人們接受新的財富基準，他們一開始的快樂就會消散，新的物質享受成為了社會規範，隨著時間的經過，變為理所當然。接下來，市場中更新更好的科技產品或者奢侈品推出，每個人的注意力都轉而追求新品。

從表面看來，我們大概都會拒絕把消費主義或者把追求物質當成人生目標。如果有人問起我們的動機來源，我們通常會回答比較重要的事物。不過，表象之下通常是另一回事。雖然我們可能不太情願承認，許多人著迷於享樂的跑步機效應，允諾的幸福總是稍微有點遙不可及。就像恰克．帕拉尼克在《鬥陣俱樂部》寫道：「你有一整群年輕強壯的男男女女，他們想奉獻出自己的性命，成就某些事物。廣告讓這些人追求自己不需要的車子和衣服，他們花了好幾十年的時間做著自己討厭的工作，好讓自己買下不是真心想要的東西。」

廣告業是一臺產值兩百億美元的宣傳機器，只有一個目標：

讓你目前的生活不那麼滿足，讓你覺得現在擁有的並不足夠。消費主義阻止你對自己的生命感到滿足，你再也說不出：「我什麼都不需要，我想要的都已經擁有了。」從基督教到佛教等許多宗教都有這種教義，試圖引導我們。不過在如此重視物質的年代，最好花上十億元宣傳的想法，阻止了任何人達到這樣的境界。

今天我們面對前所未有的情況，對於類似的商品擁有這麼多不同的選擇，使人忍不住落入快樂的陷阱。就算我們很清楚太多好東西可能會造成損害，或者成癮的行為，我們還是獎勵自由的信念與選擇。現代生活的諷刺之處在於，擁有更多的選擇之後，對於自己的選擇，我們更難充滿自信。如果你能避免做出選擇的話，你很有可能會逃避。心理學家貝里・施瓦茲（Barry Schwartz）將這種荒謬的狀況稱為「選擇的矛盾（paradox of choice）」：儘管過多選項和選擇題可能會傷害我們，減低我們的快樂感，我們還是重視選擇，渴望選擇。針對這個兩難困境，我們的祖先不必處理我們現在會碰上的這種兩難。他們比較常面對飢餓，而不是擁有太多誘人的食物選項，非得從中選擇。面對每日選擇的瘋狂轟炸，最好的方式是變成施瓦茲，以及其後的諾貝爾經濟學獎得主司馬賀（Herbert Alexander Simon）所提到的易於滿意者（satisfier）：意思是權衡你的選擇，從中挑選一個令人滿意或者「夠好」的選項，接著繼續過活。不需要試圖放大每個日常的採購或選擇，這樣只會讓人感受更多壓力、後悔和不滿意。你的時間、經歷，以及資源有更好的利用方式。不過想要對抗持續轟炸的廣告，還有其對於個人理想人生的強大影響，你需要強力的內在羅盤。你需要擁有一些自己選擇的價值觀以及人生目標，而且那些要強勁且突出，協助你在這個充斥廣告的社會中，維持內在的完整性。因此，好好抓住能讓你的人生充滿意義的事物，將會相當有幫助，所有閃閃發光的表象之下，無論是否擁有最新最貴的噱頭，你的生活可能早就擁有可以使其變得更加有意義的事物。

4 你的生命已經充滿意義

不要害怕活著，要相信活著自有價值，而這種信念將助你創造出生命的價值。

——威廉．詹姆士，《活著是否有價值》，一八九七年出版

儘管存在揮之不去的存在疑問，多數的狀況下，大部分的人都覺得他們的人生相當有意義。蘿拉．金（Laura King）教授是心理學研究意義領域裡數一數二的專家，我告訴她自己正在撰寫此一主題的書，她溫柔地將我拉到波特蘭會議中心的走廊上，然後給了我一

系列警告：別告訴大家，他們的生命沒有意義，這麼做很不負責任，因為十幾年來的意義研究結果完全相反。二〇一四年一份發表於美國心理學期刊（American Psychologist），充滿影響力的文章中，金和羅格斯大學的教授莎曼沙・海茨爾曼（Samantha Heintzelman）審查了許多國內具代表性的調查，以及其他證據，想知道平均來說，人們感覺自己的生活是否有意義。結果，生活非常有意義。針對五十五歲的美國人進行更廣泛的調查，詢問他們是否認為自己的人生有意義，百分之九十五的人給出正面答覆。其他的調查詢問了更大量的國民，請他們針對「我的人生有非常清楚的目標」這類特定的陳述句進行評分，根據同意程度，給定1（完全不同意）到5（完全同意）的分數。平均分數是相當高的3.8分。而且除了美國之外的地方也有這樣的現象。如同之前提到過的蓋洛普全球調查，對象是一百三十二個國家的十四萬人，詢問他們是否認為「生命有重要的目的或意義」，百分之九十一的答案為是，在世界上一些最窮困的國家，正面答案的比例甚至更高。其他研究顯示人們面對各式各樣的健康問題，比方對抗癌症，通常還是會認為他們的生命充滿意義。金和海茨爾曼寫道：「根據大量且具代表性的抽樣對象，無論使用較舊或者較新的方式去衡量生命意義，都可以得到同樣的結論：人生相當具有意義。」

儘管存在具有荒謬性，而且大體來說，生命完全不重要，短暫且隨機，但大多數的人在大部分的時候似乎都認為自己的人生很重要。我們是否該說大部分的人在多數時候都搞錯了嗎？或許我們有責任揭露存在令人沮喪的現實？這個內在的矛盾對於哲學家及心理學家來說，常是需要做出重大抉擇的時刻。某些哲學家主張，人們可能會誤將自己的生命看得太有意義，然後就遭到存在的荒謬性痛擊。相反地，心理學家傾向於相信個人的評估：如果某個人自覺生命充滿意義，那麼那段生命當然就很有意義。雖然我贊成蘿拉．金教授以及心理學家，大多數的情況下都這麼認為，我們應該相信宣稱自己的生命充滿意義的人，不過針對此項人類的矛盾追本溯源也非常重要。

人生如此荒謬，然而事實上人們還是覺得生命很有意義，這兩者太過矛盾，結果致使我們無法正確理解意義的問題。說得更精確一點，我們對兩個獨立的問題感到困惑。其中一個問題我們似乎再也找不到答案，針對這個問題所產生的衝突通常會導致存在危機。不過，另外一個問題還是有著牢靠且鼓舞人心的答案，我們能透過這個答案體驗人生的意義。然而我們必須搞清楚的是前一個疑問：「人生的意義到底是什麼？」事實上，這項西方哲思的歷史副產品出現不過是前幾個世紀的事。時代已經改變，不過我們還是尋求著某種意義，而且這種意義僅僅在過時的世界觀之下才顯得合理。我們近日的意義危機就是這樣的錯誤，縱使基於西方公民社會的歷史，這樣的錯誤情有可原，不過這還是需要修正。

我們將在下一章開始進行修正。然而，為了開始這一步，首先我們需要了解為什麼人類當初會尋求意義。

自省詛咒纏身的人類，以及對於意義的需求

渴求快樂這一點上，人類可能就像其他許多生物，但對意義的追求是使我們成為人類的關鍵部分，而且是獨一無二的。

——羅伊．鮑邁斯特，

經典論文〈幸福生活和有意義生活的關鍵差異〉，二〇一三年

關鍵的身體特色方面，就算與我們最相近的靈長類表親相比，人類都顯得十分突出的一點，就是我們的大腦相對於身體的大小。大約兩百萬年前，我們祖先的大腦約是二十四到三十七立方英寸。現代人類的大腦，一般來說接近七十三到七十九立方英寸。科學家稱之為認知革命，或如作家哈拉瑞（Yuval Harari）則說這是「知善惡樹（Tree of Knowledge Mutation）」，如此劇烈的成長，最終讓所有的直立猿人獨立於他的動物表親。是什麼導致智人的大腦尺寸出現此等劇烈的軍備競賽，許多理論都在探討其成因，此外，這項演化出來的新能力有特殊之處：語言、協同合作、文化、宗教……等等，不過讓我們專注於這個關鍵特色：人類開始能夠自省。

自省這種能力，讓我們能夠採取客觀角度審視個人生命。我們不是立刻對當下發生的一切做出回覆或產生反應，而是能夠踏出所處情境冷靜思考。我們可以仔細考慮過往的行動，並預想未來，然後同時整合兩組訊息，有意識地做出選擇，決定此刻該採取什麼樣的行動。

我們的自省力是人類獨一無二的工具，讓我們與其他動物有所區別，因為動物困於此時此刻，無法計畫下個月，生命中接下來的十年就更不用說了。人類擁有基本的動物本能，不過我們也能運用腦力控制這種衝動，轉為將專注力放在比如長期目標，這類報償只能在數日、數月或距今數年後才能收割。自省讓我們能採取有計畫性、統整過的行動，並且設定長期目標，反過來讓我們得以創作藝術品、建築物以及工具等等，這些是少數幾項對其他動物來說難以想像的能力。建造巴黎聖母院花了將近兩百年的時間，這棟建築物證明了人類的創造力，在人類存在之前完全難以想見的創造潛力。自省不只是計畫未來，貫徹史詩般的工程。自省也讓我們與過去有所連結，更能加強我們生命的意義。哲學家安堤・考皮寧（Antti Kauppinen）主張那是「構築於過往，帶給人生一種漸進的敘事形式」，這樣的生命聽起來比起完全獨立的篇章來得有意義，神經心理學也同意這點。

西北大學進行了一份神經心理學研究，有八十四位參加者，這份研究證明大腦中內側顳葉網絡的連結多寡，與人們評估自己的生命意義豐富程度有正相關，這個部位和精神上的時間旅行有關，讓我們能體驗過去或者未來。穿越記憶的廊道回味過去，可以提供傷懷的意義感。身為人類，我們也擁有神奇的設定，能夠在未來中找到意義。自省能力使得人們得以懷抱希望：我們可以想像更好的世界，並且制定計畫來實現。常常就是未來的重要目標，讓今日的努力甚至掙扎別具意義。如果我們能夠保持信念與希望，相信某種更有價值的東西正在未來等著我們，就更能忍受當下的磨難與痛苦。

不過這樣子自省的能力有其代價，因為我們也因此不像其他動物一樣，滿足於本能驅使的目標。這既是祝福也是詛咒，我們無法逃離這個世界，往後延伸至過去，並往前通往未來。我們擬定計畫，並且焦慮於未來可能發生，與可能不會發生之事。我們細細思量過去的事件，改寫舊日的傷口或珍藏的記憶。相較於大多數的動物，我們的問題在於，我們有辦法在某件事進行到一半時停下來，並且開始反躬自省，詢問自己：意義何在？我為什麼在做這件事？

自省讓我們需要動機的正當性，每當「為什麼」這個問句浮現，我們需要一個令人滿意的答案。就算我們已經反省過，還是希望能夠支持自己的行為。我們對於意義的需求就源於此。身為能夠自省的生物，我們需要感受到我們的行動有用、有著原因或者背後的目的，而且這些事（不知怎的）非常重要，我們要將心力用於值得投入之事。為了回答自己的問題，我們需要一個意義框架，一種世界觀，可以明確地告訴我們什麼活動和目標值得採取行動，哪些又毫無意義。簡而言之，當我們面臨重大抉擇的時刻，我們需要有意義的世界觀做為嚮導，帶領我們邁向值得前進的路線，缺乏此種意義框架可能會導致嚴重的後果。

在第二次世界大戰中，社會心理及精神分析學家埃里希・弗羅姆（Erich Fromm）已經觀察到現代人過去可能受到限制，但已經「擺脫了前個人主義社會的連結」。雖然很多人為此稱慶，認為這是邁向人類革命的最後一步，我們將能成為自立的個體，能夠自我實現，然而事情的進展不同於預期。儘管有時候會對個人造成限制，不過傳統文化框架也給人安全感、可理解性，指引方向，以及重要性。換句話說，這曾經提供人類生命強烈的意義感。然而，缺少這樣的意義架構，人們還是需要知道他們該拿自己的人生怎麼辦，如何讓自己的生命值得活。說來不幸，才剛自由的文化缺少適切或者撫慰人心的答案，這讓很多人不安，他們感覺孤立、焦慮，失去了方向。本來應該自由解放，結果人們反而逃離自由，心甘情願臣服於任何權威人士，只求對方提供他們關於生命大哉問的堅定答覆，並給予他們迫切需要的穩定感。

根據弗羅姆的分析，現代人「很焦慮，想將自身的自由交給各式各樣的獨裁者，或者放棄自由思考，讓自己成為機器中的小零件，只求吃好穿好，不是自由人而是機器人。」對弗羅姆來說，一九三〇年代法西斯主義之所以在歐洲崛起，並且造成許多著名的暴行，這就是其中一個根本原因。今日西方世界的政治形貌，相似地令人擔憂，因此我們迫切地需要創造出自省的意義框架與價值體系，不只普遍令人感覺合理，也有辦法承受當代的憤世嫉俗以及多樣性。另一個選項是不確定且退步的專制政體，這侵蝕了博愛、平等和自由的原則，這是打從十八世紀第一個真正的民主政體出現以來，我們建構出的生活方式之核心。

如果我們做不到，我們等於白費了一場完美的認知革命。

同時尋求並擁有生命意義之道

如果我們的生命已經充滿意義，為什麼還要尋找生命意義？這個簡單的問題揭露了西方的偏見對於我們思考意義的影響。麥可．

史提格（Michael Steger）教授是另一位研究生命中的意義這個心理學領域的重要專家，他檢視人們對於生命中的意義之**尋求**，與生命中的意義的**存在與否**，他發現研究結果跟美國的狀況正好相反：發現生命中存在越多意義，那個人就越不會尋求更多意義。說起生命中的意義，我們是從赤字模式出發：我們對某個主題產生興趣，主要是因為有所缺乏。不過，當史提格在日本研究同樣的主題，他發現兩者之間的關係並不互斥，反而非常和諧：已經過著有意義生活的人，更會自我反省該如何活得更有意義。對於個人生命意義的坦誠開放，本來就會導致個人做出增加生命意義的選擇。

從這個角度看來，東方文化可能比西方文化更為明智。雖然你目前的生命可能已經存有某些意義，尋求更好的意義來源可能使生活品質更加提升。這不是拚命嘗試著填滿虛無，而是一種邀請，反省自己的生活，透過各種活動、選擇，以及關係的交流，讓自己的每一天過得更有意義，使得生活與工作更為平衡。我們都是半成品，生而為人的樂趣在於我們很清楚這一點：我們根本上知道，我們每個人都還有空間可以容下更多的諒解、進步，以及自我實現。別只哀嘆於自己可能缺少的，使用你手邊擁有的事物，然後想辦法自己創建。解放自己，細細體會自己可能已經下意識抓在手上的事物，明白自己的人生已經充滿意義。

Part 2
意義的疑問
全新觀點

5
你的存在危機非常現代化

古典時期的人無法理解我們所知的「無神論」，關於諸神的本質以及其行動，意見當然會有所分歧，有些時候甚至會否定特定神祇的存在。不過現代無神論與內在性的基本概念與本質，也就是我們預設世界上幾乎不存在任何超驗體驗，這對他們而言幾乎可以說是莫名其妙。

——加文·海曼，《無神論簡史》，二〇一〇年出版

想像一下：你正在機場替你的 iPhone 充電，有個人靠過來問你：「你相信電力嗎？」今日的現代生活方式圍繞著電力運作，我敢說整個機場都十分清楚這一點，因此這個信仰毋需爭辯，這個問題本身就沒有意義。那個人進一步追問：「你相信神嗎？」這個問題比較有分量，而且無論你的答案為何，你之前可能已經好好思考過這個疑問，甚至可能曾經與人爭辯。不同於電力那個莫名其妙的問題，問起你對神的信仰，你知道這是個真正的疑問。你能夠理解這個關於宗教信仰的疑問，這一點使得你非常現代化。

對於五百年前的歐洲人而言，質疑神的存在，怪異程度可能正如同今日我們聽到對電力的疑問。神無所不在（而非電力），他們世界的主宰是超自然力量：神靈、惡魔以及魔法。人們普遍認為惡魔令人生病，並使人做出壞事。聖人遺物擁有療癒能量。風暴、旱災、瘟疫，以及生育之事都被視為不可抗力。人們定期參與集體儀式，比方在麥田中誦讀福音，以驅趕可能傷害收成的邪靈。如果用德國社會科學家馬克斯．韋伯（Max Weber）的說法，現代化之前的世界，人們被施了魔咒。上帝與神靈存在不是信仰問題，而是直接確定性。整個宇宙是有意義的實體，各部分都因為有目的性的計畫而聚合。此項觀點不只存在於中世紀的歐洲，甚至遍及全球。不同文化中，各類神靈的名字和能力當然各有不同。有些文化信仰一位全能的真神造物者，其他的則信仰當地的眾多神靈。不過無論個人的信仰為何，在這個被施了魔咒的世界中，日常生活中的大小事都不斷受到各式神靈、惡魔、神祇以及宇宙願力的影響。

被施了魔咒的世界裡，「自然」與「超自然」解釋之間並沒有清楚的界線，此時尚未發現或者發展出打破過往觀念的科學世界觀。理論上來說，一個人可以否認或者爭辯特定神靈存在與否（某個神靈是否存在，或者上帝的確切特質與能力），不過若是個人打算停止相信這整個施了魔咒的世界觀，則完全沒有替代方案，不存在其他可供選擇的世界觀。脫離魔咒，這個可能的世界觀尚未發明。簡單講就是不存在奠基於不信的概念工具和想法，個人世界觀徹底由魔咒形塑，因此根本不可能拋下這些內建於日常生活的集體儀式，而日常生活也支持並且強化這樣的意識形態。

因為世界觀的基礎不同，無論是中世紀農民，或是亞里斯多德（Aristotle）、愛比克泰德（Epictetus）這些古代大思想家，對他們來說，現代人討論人生意義的方式毫無道理。綜觀人類的歷史，人們大多數時間對於生命的意義並無疑問，因為沒有思考的必要。施了魔咒的世界裡，一切生命之所以存在，都是為了實現目標，而且是由整體宇宙所驅動，或來自天啟的偉大目標。現代化之前，對於宇宙，以及人類在期間扮演的角色，我們祖先的概念相當老派過時。至少大體來說，他們世界中的秩序，與我們的一定大不相同。古希臘人完全不了解黑洞的秘密，也不會討論後現代藝術或電腦斷層掃描。亞里斯多德是最著名、思想最大膽的希臘哲學家，但他也生活在西元前四世紀，所以就連他也受到施了魔咒的世界觀影響。

如果比賽項目是影響西方思想的人物，亞里斯多德一定會進入準決賽，對決耶穌與牛頓（Isaac Newton）這類重量級選手。《尼各馬可倫理學》（*Nicomachean Ethics*）為當今世上討論道德中最有名，且最廣為研究的著作之一，亞里斯多德在其中仔細琢磨人類的至善。說得更精確一點，他在探尋「那些我們想做就做的事情，背後的行為目的」。他的目標是解開我們有別於其他動物之處，相信線索就包含在人性之中，探索人性就能明白何為人類的至善。不過我的主張不同，亞里斯多德研究人類之善，並非討論人生的意義。他的確是在探討人類的目的，不過方式並不正確。或者應該說，他的研究受限於他所生活的年代，以至於沒有意識到最為核心的元素：荒謬。

大概就像我們視電力為理所當然，亞里斯多德並不懷疑宇宙秩序的存在，事實上，他從來沒想過這個秩序或許根本不存在。施了魔咒的世界是個有意義的整體，而人類和其他生物一樣，擁有與生俱來的目的或價值，完成前述與生俱來的任務就是人類之善：馬兒的價值在於奔馳以及載運騎士；眼睛的價值是給予我們視覺，因此對亞里斯多德來說，一定存在著「人類的價值」，也就是人類的出眾獨特之處。透過觀察可以發現，理性思考的能力讓我們不同於其他動物，他推論人類之善一定是依據這種理性的精神而活，因為這需要具備特定的特質。對他來說，問題從來不是人類的存在到底有目的或沒有目的。亞里斯多德生活在施了魔咒的宇宙裡，既然萬事萬物都有某些固定的目的，所以人類的存在顯然也有目的，差別只在於我們有沒有找到而已。

亞里斯多德以及接下來幾千年的西方思想家，他們的生命大哉問是人類的目的。古希臘人將之稱作 telos，中古世紀的基督教思想家則稱為 summum bonum，這個大哉問在現代化之前就是西方思想家的焦點，他們希望處理人類的終極目標，也就是「我們為何存在」這個核心疑問。問題是關於人類所為何來，就像我們可能會詢問腳踏車或刀子的用途（分別用來騎乘與切割）。從亞里斯多德到聖湯瑪斯．阿奎那（Thomas Aquinas），希臘與基督教思想家都未曾質疑過人類是否有目的。此一大哉問架構在這樣的世界觀底下，宇宙清晰易懂，而人類被創造出來自有緣由。因此思想家的工作就只是揭露並且挖掘人類之善，或者找出已經存在的人類終極目標。就如同賀許查德教授（Joshua Hochschild）的主張，關於人類目的的問題就是「西方歷史最常被問起的人生疑問」。

然而十七世紀期間，更為科學導向的世界觀漸漸在西方社會獲得關注。這個新鮮的世界觀首先區分出自然與超自然的界線，接著後者漸漸被邊緣化。不過一兩個世紀的光景，科學解決掉被施了魔咒的世界。還有其他的兇手：人道主義以及個人主義、都市化、能動性增強、工業化、民主，以及更層層分工的政府，不過說到將現代化之前那個施了魔咒的宇宙，轉變為看似除魅、缺乏意義，且機械化的宇宙，科學化的世界觀發揮的影響力最大。在施了魔咒的宇宙裡，人類的目的這類問題非常合理，不過這不適合機械化的宇宙，因為考慮到這個宇宙的一切，事物的宏大秩序中，人類不再占有一席之地。這件事導致人類需要探問，需要全新的人生大哉問。在西元一八三四年，有個名叫湯瑪斯・卡萊爾（Thomas Carlyle）的人暗示了那看似簡單的疑問。「人生的意義何在？」自此之後，我們整個社會都在存在主義的惡果中掙扎。

意義的發明：卡萊爾的大哉問

觀看的方式如果正確，沒有任何物件不重要，所有的物件都是窗戶，哲學家的眼睛透過這些窗戶直接看見無限永恆。

——**湯瑪斯・卡萊爾，《衣裳哲學》，一八三四年出版**

湯瑪斯・卡萊爾這位維多利亞時代的蘇格蘭作家，他寫作散文、諷刺文學以及歷史文章，雖然不能說只有他在琢磨人生的意義，但英語世界中，他是頭一個寫的人。他的作品出版於一八三三到一八三四年之間，卡萊爾的《衣裳哲學》（*Sartor Resartus*）一書非常有名，原因很多：愛默生（Ralph Waldo Emerson）幫他寫序，美國作家梅爾維爾（Herman Melville）及惠特曼（Walt Whitman）分別引述此書，提到《白鯨記》（*Moby-Dick*）和〈自我之歌〉（Song of Myself）都受到本書極大影響，今日我們經常用這本書做為英國文學時期的標誌，代表從浪漫時代進入維多利亞時期。同時，本書也包含了最早以英文寫出的「人生的意義」一詞。

《衣裳哲學》寫於世界史上特別動盪的時期，日常生活中幾乎所有面向都受到全球各地許多革命的影響：法國大革命改變了世界的政治局面，整個歐洲仍餘波蕩漾；浪漫革命鼓勵情緒表達、自我檢視及反省；工業革命幾乎全面改變日常生活；科學革命則威脅到宗教世界觀。卡萊爾用以下的句子開頭：「考慮到我們目前在文化上的進步狀態，加上科學的火炬揮舞得如此熱烈，且廣為傳播……特別在這樣的時刻，火炬不僅還在熊熊燃燒，或許燒得比以往更為熱烈，甚至還有數不清的燈芯、火柴在那裡燃燒，也同樣照耀四面八方，因此無論是自然或人為的微小縫隙與漏洞，都將受到照耀。」

那根「科學的火炬」燃燒得如此熾烈，所有的「隙縫與漏洞」都受到照耀，科學化思維的力量強勢進入每個人的生活，重新塑造他們原本深刻牢固的信念及世界觀，而再也沒有比這樣的說法更能描述那股純粹的智識之力。之前被認為「世界整體來說非常有意義，人類在其中擔任特殊的角色，負責揭露世界的樣貌」，這樣不證自明、無需疑惑的問題，突然失去了基準。或許，對讀者來說接下來的發展並不意外，故事的主述者，也就是任職於德國維斯尼特沃（Weissnichtwo，意即「不知何方」）大學的教授托爾夫德呂克（Teufelsdröckh，意即「魔鬼穢物」）突然意識到自己微不足道的生命缺乏意義，他感到不知所措。他的狀況通常是伴隨著重大人生轉折而產生的抑鬱，加上這個時代無休無止的工業主義及其他轉變，許多人都感到失去根基，因此加劇了抑鬱的狀況。不同於過往年代，宗教和傳統似乎不再握有一切的解答。

那本小說也可以當成卡萊爾自身追尋的預言，「理性大學」的意思是越來越世俗的世界，且「對於神秘主義抱持著最為高昂的敵意」，這件事影響了托爾夫德呂克，使他對於宗教產生懷疑，致使他質疑自己的信仰以及神的存在。懷疑越演越烈，結果成了他口中的「無宗教信仰的夢魘」，教授很快就發現自己似乎孤身一人待在寒冷寂靜的世界，他寫下：「對我來說，整個宇宙是一片空無，生命、目標、侵擾，就連敵意亦是如此：這個巨大致命、廣無邊際的蒸氣引擎正在呼嘯，麻木冷淡地輾過我的四肢。」他宣稱自己腦中信念一點不剩（這也是「人生的意義」頭一次出現）：「我們的人生環繞著必要性，然而人生的意義本身無異於自由，亦無異於志願部隊（Voluntary Force）：我們因此處於交戰狀態，而且最剛開始的時候，戰鬥特別艱苦困難」。人類交戰的本質於他而言，就是必要與自由之間的鬥爭：人類要不是受到口腹之慾、身體渴求，或其他世俗之事的驅使，則將投身於超越那些世俗之物，想辦法遵循他的事業上更高尚的道德責任。對卡萊爾來說，這就是人生的意義。透過從事有意義的工作，我們能真正實現個人的理想與典範，獲得真正的滿足感。他寫道：「『當日』努力工作，畢竟夜晚一來，沒人能繼續工作。」

人生的意義並非亙古以來的當務之急，而是某個作家不到兩百年前才創造出來的說法，知道這一點頗令人欣慰。在這位作家的半自傳作品中，同樣身為作家的主角寫了《衣著：起源與影響》（*Clothes: Their Origin and Influence*）這本書。大家都認為托爾夫德呂克是「一般事務」專家，而在其受到男裝啟發的巨著中，他的闡述正好說明了這一點，書本內容包括「男性穿著打扮」的重要性、優雅時髦的男子，以及德國人穿戴衣領的正確方式：頸後較低，微微捲起。即便衣著看似無害，仍然是一項產品，這種後設小說的形式給了卡萊爾足夠的空間，道出更沉重而哲學性的思索。不過，儘管不確定現代世界是否存在著價值，卡萊爾顯然不認為事情陰鬱絕望，他的語句滿是希望與確信，人類可以、也必然會穿過存在主義的荒野，然後意氣風發地現身。儘管如此，整本書某種意義上可以說呈現了事實，卡萊爾的父母是虔誠的喀爾文教派信徒，但他已失去了與信仰間的聯繫。我們可以把《衣裳哲學》看作他的掙扎，他想要努力解決失去信仰的問題，然後繼續在這個被他自己稱作「無神世紀」的世界生活下去，他試圖想辦法適應這個失去了傳統基督教信仰的世界。

卡萊爾激勵了許多思想家，常被稱為十九世紀影響力最大的公共知識分子之一，每個在英語世界中寫作或者思索存在主義的人，都以某種形式回應著他的作品。同時期的歐洲大陸上，齊克果和叔本華（Arthur Schopenhauer）這樣的哲學家接續了卡萊爾的工作，齊克果在一八四三年早期的開創性作品《非此即彼》（*Either / Or*）中寫道：「這段人生如果真有意義，那會是什麼？」存在主義熱潮似乎確立了學界中的地位，橫掃每位哲學家和小說家，像是美國思想家愛默生、愛爾蘭法國作家薩謬爾・貝克特（Samuel Beckett）、英國小說家喬治・艾略特（George Eliot），以及托爾斯泰，或者比如華格納（Richard Wagner）這樣的作曲家，生物學家則是赫胥黎（Thomas Huxley）（大家比較熟悉他的綽號「達爾文的鬥牛犬」），而由叔本華打頭陣。他的散文〈人性〉（Human Nature）直截了當地問道：「人生的意義到底是什麼？這齣鬧劇有什麼目的？畢竟這場劇中的一切，都已明確決定，無法改變。」托爾斯泰的《安娜・卡列尼娜》（*Anna Karenina*）出版於一八七八年，存在的不安這個概念因此廣為大眾所知。在此之前，這個概念僅限於一小群特定知識分子。即便在出版他的傑作之前，托爾斯泰的狀況就已經跟卡萊爾很像，糾結於某種失望之情：如同那名蘇格蘭哲學家，托爾斯泰也掙扎於科學的世界觀。他在日記寫下「地球上的生命無濟於事」，不太意外的是，在此之前幾個月，他才閱讀過物理學的相關書籍，並且思考重力、熱力的概念，還想知道什麼是「一大氣壓力」。對於自然界的運作原理有了更多的了解之後，他失去對超驗的信念，寫下「我不但沒找到想要的事物，反而更確定所有像我這樣的人，早已探尋過生命的意義的相關知識，卻一無所獲。」

托爾斯泰和卡萊爾以及叔本華，還有其他同代之人，他們是先驅，完全理解新科學世界觀代表的意涵：它削減了人性，人類只追求生物學上的高潮，本身沒有目的、善惡，或者價值。如同托爾斯泰的說法：「你是現世中小分子的意外聚合物，這些小分子間的相互關聯與改變，你將發生在自身上的這些活動稱為生命。這個聚合體會持續存在一陣子；接著這些小分子間的互動會停止，而你稱為生命的事物以及所有的疑問都將告終。你是意外聚合而成的水滴，騷亂的水滴。」

當然了，知道某一件事，和喜歡其所挖掘出的事物是兩回事。很多人不喜歡科學世界觀的核心，不喜歡那些麻煩的事實，儘管如此也無法阻止這個世界觀擴散。到了二十世紀尾聲，一般大眾已承受了世世代代巨大的不安感，事實上，這個看似無法回答的大哉問：人生的意義是什麼？感覺越來越不像人類自行發想出來的問題，而更像是人類永恆的掙扎。確實使得有些人渴望比較簡單、被施了魔咒的時光，除此之外，至少還有些如何整治衣領的明智建議。

科學如何源自宗教

太陽、行星和彗星這最為美妙的系統，只有聰明又強大的存在，才能管理與支配其繼續運行。

——**牛頓，《總註解》，一七一三年出版**

時至今日，雖然我們已經習慣將科學與宗教列為彼此互相抗衡的事物，但一開始的情況並不是如此。數個世紀以來，科學革命的進展都在基督教的背景下，而且對神有著堅定的信仰，並不反對神的存在。分析起來的確十分合理，科學起初就是自神學研究發展而來，希望能更了解神，以及祂所創造的世界。最開始的時候，科學的研究是讚頌神明、更接近神明的方式。假定這是由上帝的意旨所設計出來的理性宇宙，牛頓這樣的科學家不過是破譯了神的語言。最終的目標是更了解宇宙底下，上帝那過人的計畫。十九世紀的德國數學家兼天文學家克卜勒（Johannes Kepler），此人對於行星環的研究是科學革命的主要驅力，他的動機是想展現出神根據幾何學創造宇宙。克卜勒從神學家轉變為天文學家，因為他了解到「透過我的努力，神也在天文學中閃耀」。

科學的世界觀始動於此，做為基督教世界觀的番外篇，不過很快地，這個世界觀就讓自己的源頭喘不過氣。越來越多的思想家漸漸了解到，新世界觀中具有許多元素，而且這些元素越來越不仰賴上帝，反而能自立自強。「無神論」這個詞在一五四〇年，首度出現於英語詞語中。這個詞的意義經過一段時間才變得比較明確，從表示一般的異端學說，變成徹底否定神的存在。如同任何威脅現狀的事物，使用這些字詞在當時有罪，人們多半將無神論等同於巫術或魔法。直到十八世紀中期，名為德尼．狄德羅（Denis Diderot）的法國人成為首位自行招認、當眾宣告自己為無神論者的哲學家。無神論這股哲思風潮，迅如野火地散播……至少在某些圈子如此。到了十九世紀晚期，托爾斯泰觀察到，歐洲與俄羅斯的學術菁英圈，「信神的人幾乎不到千分之一」。十九世紀晚期，許多大學已然屏棄了過去接受的宗教信條等思維，宗教相關的辯論變得微不足道。當然，宗教思想家以及信徒並未消失，不過關於信仰和宗教的實踐開始轉向內心，信仰變得更為私人。公領域中，尤其是在政治事務還有工作場合，眾人期望信教者能參與理性辯證，而且也不能使用超自然現象做為論點。如果是決定何時收成稻穀，或者是否該興建水庫，我們會憑藉科學證實的所知，而不是神聖的啟示；我們會諮詢專家，而非神靈。

不可否認地，魔法、信仰以及超自然至今還是影響許多人的生活。不是做為我們的世界觀中，那難以忽視的背景設定，而不過是在多少有點壓力的狀態下，想辦法與科學世界觀共存。今日的宗教信徒必須穿梭在兩個世界之間，較受魔咒影響的私人信仰，以及除魅而理性、更為現代化的世界觀。儘管除魅的世界觀在科技獲得許多收穫，也促進社會運作，不過同樣揭露了恐怖的可能性：要是宇宙創造人類並沒有這樣的目的，不是用來滿足某個遠大的生命目標呢？如果人生的意義在於，一切都沒有意義呢？

因此，這個大哉問「人生的意義是什麼」就是最初也最重要的反動。就是科學世界觀傳播之後的結果，也是世界除魅之後的影響。過去，不證自明的宇宙目的受到了挑戰，生活在其中的人類亦然。

在這樣的狀況下，探問失去了什麼變得極其重要。有個詞用來描述我們曾經擁有的事物：人生的意義。不過，我們不該將自身的存在危機都歸咎於科學。在科學的世界觀進入人類的意識之後，勢必有人發展出這樣的想法，主張我們的生命必須充滿意義，這樣的理念影響了浪漫主義者。

6 浪漫的看法

試著搞清楚生命的意義有點像組裝IKEA家具，而且你很確定少了某個零件，或者沒有拿到對的說明書。不過真正的問題在於，你想要做個Maråker櫥櫃，但手邊只有標準的三層Billy書櫃。有些東西看似不足，其實只是因為你期望更多。

——朱立安・巴吉尼，〈揭密：生命的意義〉，二〇〇四年刊載於《衛報》

除了同樣在西方世界中，擔綱探詢當代人類意義的要角，卡萊爾、叔本華與齊克果還有其他的共通點：浪漫主義時期的德國人。卡萊爾將許多德國浪漫主義時期的作品翻譯成英文，並且撰寫《席勒傳》（*The Life of Friedrich Schiller*），這本書是關於十八世紀晚期的德國著名詩人。同樣身為德國人，叔本華非常熟悉同胞的作品，而且某種程度上來說，他的悲觀哲學主義也是對其作品的回應，他肯定會嘗試一些浪漫主義者不敢碰觸的知識性推論。齊克果搬到柏林，只為了聽席勒講課（又一位德國浪漫主義時期的人），他首部存在主義的專著：《非此即彼》（*Either/Or*）大多也是在該地寫成。鑽研三人間共同的知識背景的歷史偵探都會產生同樣的疑問：「這三個人都體會過存在危機，是否源於德國的理想主義呢？」

格奧爾格·菲利普·弗里德里希·哈登柏格閣下（Georg Philipp Friedrich von Hardenberg），他是早期德國浪漫主義的重要人物，諾瓦利斯（Novalis）這個名字更廣為人知，他的畢生摯愛蘇菲．庫恩（Sophie von Kühn）在訂婚後逝世，他們沒來得及完婚。諾瓦利斯發現自己被愛意和哀傷沖昏了頭，滿心都是關於愛與生命的理想願景，他趁著二十八歲死於結核病之前，將這些都轉換為詩句以及其他文字。這是直接回應當下世界觀，歐洲的世界觀越來越理性與除魅化，性靈與神靈迅速地世俗化，德國的浪漫主義關注的焦點轉向內在：魔法應來自內心。諾瓦利斯以及其他想法一致的浪漫主義詩人兼哲學家，他們一同擁護人類的情緒，將之提升至近乎神聖的地位。他們崇敬愛情，也推崇真實面對情緒，認為我們的生活應該由這兩者來引導。

今日，每當朋友或親愛之人考慮重大人生決定，我們常會說要「從心所欲」，這類的建議非常像浪漫主義時期的產物。在浪漫主義時期之前，簡單指示士兵忽略心之所欲完成任務，這種狀況比較常見。不過對於浪漫主義時期的人來說，從心所欲比較不是一種觀點，而是一項指示：社會的規範、父母的期許、合理的建議，以及其他種種限制，浪漫主義者都勇敢地棄之不顧，只為了實現個人心中的呼喚。浪漫主義者心目中的終極英雄是詩人，飽受單戀帶來的煎熬，完全不顧自身的責任和生命的現實狀況，寧可趁著自己脆弱的身心尚未出賣自己之前，英年早逝。儘管明白他永遠無法贏得戀慕對象的喜愛，或者情況更糟，像諾瓦利斯那樣，悲傷地痛失所愛，但他仍然為愛獻身，並且用詩句來表達自身感受。

這個觀念始於浪漫主義者，自此受到美國好萊塢電影以及數不清的流行歌曲唱誦：愛應該是神魂顛倒的體驗。真愛在世上某處等待著你，如果你有朝一日碰上了對方，一定會是一見鍾情，立刻確定對方是你心之所嚮，而且你們兩人的愛自此不渝。浪漫主義除了推銷對愛情不切實際的期望，哲學家艾倫·狄波頓（Alain de Botton）主張「這對我們的關係而言是場災難」，而且還有「嚴重地破壞了普通人過著成功感情生活的能力」，浪漫主義也把理想狀態變成必不可少：你永遠不該委曲求全，這句話聽起來很不錯，但現實生活中不怎麼管用，浪漫關係中你必須搞定無數複雜的情緒元素，更別提同居之後瑣碎無聊的問題。

這種思考模式也進入工作領域：別隨便屈就，找到你的天命。聽起來耳熟嗎？這句話你聽過多少次（在廣告、電影、歌詞，或勵志書裡），你的愛情、你的工作、你的人生，還有你的幸福快樂都不該委屈？這個指示隱含著，我們每個人心中某處都有著內在的呼喚。我們只需要找出來，然後就會了解自己究竟為何來到世上。浪漫主義者採納了基督教的感召精神（被神感召執行特定任務），只是將「神」代換成「內心」。也就是說，人生還有一項真正的任務，你的命定任務，但這不是由神所賦予，這件事一直以來都埋藏在你心中。這種概念已經變成某些勵志文學的座右銘：找到你真正的天命。不過說來難過，這種概念其實相當脫離現實。這個座右銘和人生的意義，只存在這樣的關聯：浪漫主義者提倡內心的呼喚，基本上就是推廣以下概念，我們每個人都保證會有個充滿意義的人生，只待我們挖掘。跟隨心中的呼喚，整體生命的任務就會浮現，而且忽然間一切都會就定位，明晰、確定、意義性將充盈你的生命。

浪漫主義者承諾會給我們玫瑰花，不過實際聞起來通常沒那麼甜美。科學世界觀興起的過程中，失去了宗教信仰，再加上浪漫主義對於確實活過的概念，我認為兩相加乘之下，暗示人類必須將人生過得非常有意義，今天我們現代文化特有的狀況與存在主義危機，因此有了最好的機會興風作浪，在這個社會裡，缺乏意義可能會耗盡一切。卡萊爾、齊克果和叔本華可能從浪漫主義繼承了遠大的意義，不過他們生活在越來越世俗化的世界，致使人們無法過上如此有意義的生活。

檢視位於下一頁二乘二的矩陣，我們對於浪漫主義和科學的衝突將有更多了解。如同上述矩陣所顯示，人類自古以來，大半的時間都待在生命的意義不言自明的那一格。對我們的祖先來說，每個生物在施了魔咒的世界中都有自己扮演的角色，生命顯然充滿了意義（除了某些不尋常的哲學家之外），甚至不需要思考意義的疑問。後來有一類人注意到，這種生活沒有意義，不過反正他們並不追求普世的意義，所以一切似乎不太重要。就這些快樂世俗主義分子而

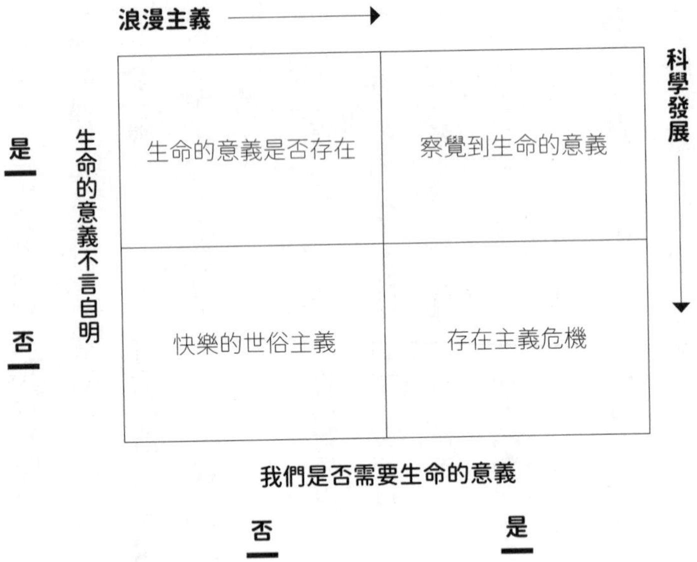
浪漫主義
科學發展
是
否
生命的意義不言自明
生命的意義是否存在
察覺到生命的意義
快樂的世俗主義
存在主義危機
我們是否需要生命的意義
否
是

言，無知可能算是幸福。我認識不少抱持懷疑主義的人，他們不相信更崇高的意義或者目的，也不覺得自己的生命因此有任何不足。他們很多人的家庭都沒有固定宗教信仰，無論是哪種宗教都無關緊要，他們並不認為自己錯過了什麼。或者從另一方面來說，我也知道很多人認為人生就該追求更崇高的目的，而且這個更高的目的來自於上帝或者他們的信仰，這群人在上面的矩陣屬於察覺到生命意義的角落，而且他們因為擁有信仰，所以也不認為生命有任何不足。第四群是存在危機，這群人最為悲慘，因為這些人渴望目的，同時也懼怕生命根本不存在那樣的目的。這群當中的個人最容易直面生命中的荒謬，結果落入存在危機，或者就像過去那些人一樣，成為詩人或哲學家。科學世界觀或許摧毀了他們身處的這個世界，不再受到魔咒的影響，不過浪漫主義和遺留下來的宗教都讓他們相信，人生必須充滿意義。不幸的是，當今的我們有太多人都屬於這一類，或者至少我們曾經在鬱悶的期間涉足其中。

浪漫主義做出了遠大的承諾，擔保世界上存在更高的目的，而這個世俗化的宇宙無法兌現那樣的承諾，於是將問題轉化為眾所追尋的聖杯：這個追尋本身就是崇高的，而每個人都想找到答案，我們任由自己接受可能根本不存在的現實。我們有個絕對需要獲得解答的疑問，但顯然沒有答案，我們處理這個落差的方式，就是將那個問題轉為笑談。從電影《巨蟒劇團之人生七部曲》（*Monty Python's The Meaning of Life*）的結尾處，演員麥可·帕林（Michael Palin）毫不客氣地接受了一個金色信封，當中包含了人生最大疑問的解答。他讀著：「嗯，沒什麼很特別的嘛。試著對別人好一點、別吃得太胖、偶爾讀一本好書，花點時間漫步，然後試著與這些政治理念不同、國籍也不同的人一起過著平靜和諧的生活。」道格拉斯・亞當斯（Douglas Adams）在《銀河便車指南》（*The Hitchhiker's Guide to the Galaxy*）中更進一步，故事中的超級電腦就是用來計算人生大哉問的答案，它有意義地吐出無意義的解答：「四十二。」這兩個答案只是指出問題本身的荒謬，我們期待一個可以解開一切的答案，但我們知道這個答案根本不存在。

現代人類的革命

除了浪漫主義與科學世界觀興起，過去五百多年來，西方世界還有其他不少革命，這些革命同樣影響並且形塑了現代人對於意義的理解，其中有三者的影響特別突出。

首先，人文主義（Humanism）提升了自我這個角色。不再懇求上帝、神靈或者命運的垂憐，人類變得更獨立，而且可以不受外力拘束，按照自己的步調探索生命。從笛卡兒（René Descartes）一六四一年出版的《沉思錄》（*Meditations on First Philosophy*）中可以明顯看到這樣的轉變，笛卡兒在書中透過激進的質疑，呈現出上帝的存在還有靈魂永垂不朽，這兩者從理性觀之毫無疑問。他的意圖與推論因此具有宗教意涵：上帝處於不容質疑的基礎之上。然而，他的做法藏了顆定時炸彈。由於他透過理性的方式證明神的存在，因此他將認真思考的人類看得比上帝重要。局面一變：人類的理性成了上帝存在的基礎，反之卻不亦然。笛卡兒和他的同代中人沒有察覺到，既然能用理性來證明神的存在，就也能用來提出反證。

其次，個人主義（Individualization）重新定義了個人與社會的關係。在現代化前的世界，群體優先於個人。甚至可以說任何人都是透過自身的角色（他在家族中的位置、他的社會階級、他的職業等等）定義，同時也形塑整個社群。個人的本分就是達成身負角色的責任，無關乎自身的情緒、夢想或者希望。事實上，公共自我之下還存在「內在的」私人自我，這整個概念一直到十六世紀之後才出現在文學作品中。馬丁．路德（Martin Luther）在一五一七年發起宗教改革（Reformation），強調個人與神之間的直接關係，不必透過任何媒介，也強調自身良知。人類開始關注個人，也關心個人有別於群體的內在信念，很大一部分都是由於這次的神學革命。路德的想法竟然影響了近代對於個人的信念，他不太可能預見到這一點。可悲的是，我們一直心心念念歌頌著的個人情緒、夢想與希望，常會損及群體的利益。

另一個很不同於中古時代的現代態度，則是相信透過努力可以讓人類進化。科學的世界觀以及工業革命都告訴我們，原本以為難以控制的世界，實際上可控程度遠遠超乎想像。宇宙並非力量狂暴，需藉由儀式或巫術才能稍微馴服之地，世界的秩序停滯而穩定，遵從特定的自然定律運作。因此，如果人類能夠了解這些定律背後的科學邏輯，或許他就能讓世界按照自己的喜好運作，進而加速自己的進化與計畫。工業化的現代人漸漸明白，世界是等人來掌理並且控制的事物，工業革命很快地帶來各式各樣的研發，以及為生活品質帶來真正改善的產品，這一切都使得進化的念頭如此自然而然。

這三項巨大變革：人文主義、個人主義，以及人類的支配及進化感。搭配科學的世界觀，人類對於自己在宇宙中的位置產生了全新的理解。當然，其他無數的轉變也同時發生：都市化、商人階級興起，還有將人們從土地以及社群連根拔起的工業化。美國與法國在十八世紀晚期開始的新民主政治體系也不能小覷：統治的合法性不再由神所授與，而是來自民眾、來自公民。各式各樣的革命加總起來，結果讓人們擁有了全新的世界觀，考量生命的價值、目的與意義時，越來越得仰仗自己。個人獨立於所屬的群體之外，遵循自己內在的信念和渴望，相信自己既有能力也有責任，選擇自己的價值觀，循序獲致自身的進步。簡而言之：我們失去了與所屬傳統群體之間的聯繫，也失去了與魔法概念的聯繫，甚至失去了上帝，我們進入了自力更生的年代。

自力更生的年代

信神這件事在一五〇〇年和二〇〇〇年不太一樣……已經不存在天真的有神論者，正如世界上找不到天真的無神論者。

——**加拿大天主教哲學家查爾斯・泰勒，《世俗時代》，二〇〇七年**

提到失去信仰，美國比許多歐洲國家的腳步慢得多，不過即使在這裡，速度也加快了。目前將近五千六百萬美國人沒有任何正式宗教信仰，不過要是按照最近世俗國家的風潮的步調，多數美國人到了二〇五〇年就不會擁有任何信仰。鑑於長久以來，美國的宗教信仰相對虔誠穩定，所以這個統計數字相當令人震驚。只不過，進入一九九〇年代沒多久，無宗教信仰者開始激增，他們因此成為了美國成長最迅速的宗教團體。這樣的轉變在年輕世代中特別明顯，出生於一九八一年之後的千禧世代中，百分之三十六的人口已經沒有固定信仰。

許多歐洲國家中，不信神（或者對此保持開放態度）是今日的常態。捷克共和國大概是世界上最無神論的國家，百分之四十的人口堅決否認神的存在，愛沙尼亞則僅次於捷克。在法國、德國和瑞典，比較多人相信神不存在。雖然許多國家信神的人還是占多數（比如說美國），但個人改變信仰的狀況越來越常見，也更為人所接受。這樣的轉變對中世紀的人而言難以理解，或許對你的祖父母輩來說也是如此。根據最近的皮尤研究（Pew Research）指出，百分之四十二的美國人當前的宗教信仰與兒時不同。社會科學家羅伯特．普特南（Robert Putnam）和大衛．坎貝爾（David Campbell）研究美國當代的宗教性，他們的研究中提到：「談到某人的宗教信仰時，似乎會自然而然地將之視為『偏好』，而非某個固定不變的特質。」

就連在那些信仰依然堅定的美國人與歐洲人當中，「信仰」這個概念本身也變得更加現代化，我會從四個特定的方向進行探討。首先，正如哲學家查爾斯．泰勒（Charles Taylor）所強調的「信仰變得更有意識」一，泰勒是探討宗教迅速變化特性的主要專家之一。今日，宗教不再不證自明，甚至沒有注意到其他可能性的存在，信仰成了有意識的選擇。清楚意識到其他可能性的狀況下，個人的信仰也是一種公開宣示。

其次，總的來說，信徒和無信仰者大致上接受同一套世界運作的理論。堅定的信徒可能有辦法在各處看到神蹟，不過現在電力、其他自然力或者人力就可以解釋大多數日常事件，不需要透過神靈。如果有個信徒的車子故障，他或者她會檢查是否發生機械故障，而不是找尋淘氣的神靈。

第三，我們居住的世界擁有多樣化的宗教。你自己或許不曾歷經宗教信仰的轉變，不過你很可能聽說過其他人的例子。在你的職場裡，或者你的社群中，你有極大的機率碰上各式各樣不同宗教背景的人。你的另一半、你的同事，還有你家鄰居都跟你上同一間教堂，在一九五〇年代還是有可能過著這樣的生活。不過世界從那時起變得多元化，特別在都市中，與不同宗教信仰的人交流往來變得十分尋常，我們甚至已經不會注意到這一點。

第四，我們不再仰仗上帝以及各式神靈來獲致成功，取而代之的是我們越來越依賴自己，靠著人類的能耐和聰明才智來克服各項挑戰。我們或許會傾訴與祈禱，不過我們清楚光靠這些不足以處理大型的社會問題。我們可能會請神父降福新的飛機，不過我們依然會想確定這架飛機是由能幹的工程師設計，而且安全問題也經過主管機關檢查。當我們私底下討論該如何解決個人生活問題，或公開討論該如何解決重大的政治議題：氣候變遷、醫療照護、政治分歧。這些解決之道還是透過證據與邏輯，而非上帝的啟示或參考神靈的建議。

這是個人類自力更生的時代，現代人類的狀況就是因此跟過去多數歷史時期有所不同。今日我們能自由選擇是否信神，選擇信仰什麼樣的上帝或神靈。我們的世界觀是個人的選擇，我們能夠調整使之符合個人的需求、偏好以及信念。

只是用來燃燒的火炬？

「萬事萬物都需要目的嗎？」神問道。

「當然了。」人類說。

「那我就把這件事交給你了，為萬事萬物想個目的吧。」神說道。

接著祂就離開了。

——馮內果，《貓的搖籃》，一九六三年

於是我們人在這裡，從卡萊爾、托爾斯泰，還有最開始的浪漫主義時期以來，已經過了一個半世紀……那個他們如此渴望解開的疑問，關於人生意義的問題，我們是否距離答案稍微近了一點呢？

答案恐怕是否定的，儘管科學世界觀大獲全勝，我們有能力控制環境、對抗疾病，製造提升生活品質的機器與設備，這些在人類歷史上前所未見，然而仍然跟兩個世紀之前一樣，存在著同樣的間隙：關於人類的價值觀，以及該如何確定生命的意義，科學世界觀似乎仍無法滿足我們。卡萊爾的說法最能表達科學的困境：「只是用來燃燒的火炬，而不是拿來建構的槌子？」

困境在於，現在一切都操之在己，我們卻不確定該怎麼做，該珍惜或者追尋人生中的什麼。從頭開始建構自己的價值觀，這個任務的困難度竟然超過尼采、沙特，以及其他存在主義學家原本的想像。他們認為，終於從傳統的枷鎖中解放，這種自己做主，所謂的超人說（übermensch）：個人不同於絕大多數的普通人，將能創造個人的價值觀。然而更典型的狀況是，缺乏價值觀架構的人們尋尋覓覓，只要有人願意提供方向與指引，他們都會接受。過去由傳教士、部族長老和社群領袖所占據的社會地位，現在已經被自助的導師、自利的政治家、廣告主、假先知這類人所取代。過去的世界觀已經消失，不過我們不確定自己是否喜歡取而代之的世界觀，信任就更別提了。

從被施了魔咒、確信無疑的中世紀世界觀，到了除魅、以人為本、充滿疑問的現代世界觀，文化史學的進程已經過了好幾個世紀。不過許多人在自己的生命中還是會度過這樣的精神歷程（就算只是人生中的一段歧見）。做為文化進程，這樣的轉變過程是有趣的歷史發展。做為個人歷程，卻經常十分悲慘，導致鋪天蓋地的危機。不過值得慶幸的是，我們有辦法可以脫離這個泥淖，無論你是否察覺，你早已掌握許多必需的工具，可以幫助你尋找並創造持續的意義感。

7

無論是否找到人生的意義，人生中都存在著意義

人類之所以感到絕望，乃是因為他們想找出生命整體的終極意義，結果只落得說人生荒謬、不合邏輯、毫無意義。世上不存在一體適用的終極意義，只有我們每個人各自生命的意義，屬於個人的意義、屬於個人的情節，就像一本個人小說，每個人各有這麼一本書。

——阿涅絲．寧，《日記一九三四－一九三九》，一九六七年出版

世界或許不再被施了魔咒，不過人類還是渴求意義。有沒有方法逃離這難解之謎呢？說來幸運，答案是有的。生命的意義，和人生中存在的意義，首先要了解兩者之間的不同。

當人們尋求「生命的意義」，他們通常想找到某種終極意義，可以普遍適用於人生的意義感。生命的意義是從外在加諸於生命的目的，多半由上帝或者上頭的宇宙給予生命的某種事物。生命的意義因此超越生命本身之外，用來交代生命本身的意義性。為了找到令人滿意的人生意義，按照慣例，人類會採行自己所認同的宗教禮俗：基督徒可以參考《聖經》、穆斯林參考《古蘭經》、印度教徒參考《薄伽梵歌》（*the Bhagavad Gita*）等等諸如此類。了解自己在上帝的規劃中扮演什麼樣的角色，或他們在這個宇宙中，應該站在哪個位子上，有什麼目的。其中的共通點在於，上述某些權威團體會告訴信徒，人類生命的意義。

那麼接下來關於人生中的意義這回事，這私人多了。什麼事能讓你感覺自己的人生充滿意義，人生中的意義就是與這有關：體驗自身生命當中的意義所在。這個問題因此無關終極價值觀，而是你個人認為能夠引導你的生命，因而值得追尋的價值觀、目標以及目的。無論是什麼讓你覺得自己的生命值得一活，想辦法辨識或創造出來。

如果缺少宗教信仰，或者對於超自然沒有某種信念的話，確實很難找到存在生命中的意義，但無論是否存在超自然之力，沒有什麼能阻止你好好體驗自己的人生。你所能歷經的事物中，人生尤其重要，人生不是什麼你能採取中立之姿觀察的標的。因此，人生的終極問題在於，如何好好體驗人生中的意義，而不是從至高的觀點，中立地觀察，並確認人生的意義是否存在。對我來說，我很樂於放棄找尋生命的意義，只專心解決真正重要的問題：我該如何找到人生中的意義？

不同於生命的意義，容易變成不實際的牢騷，更不貼近你的日常，人生中的意義則是你透過每個行動日日參與之事。只要你做出選擇，無論是否有自覺，你都比較偏好某種程度上，對自己更有價值的選項。什麼讓你的人生感覺更有價值且充滿意義，你的答案就存在於那些大大小小的人生選擇之中。做出這些選擇時，你通常沒有任何確切的理論依據，不過有些選項和體驗，不知怎地對你來說就是比較有意義。因此根據生活經歷，你的人生早就充滿價值觀和意義。事實上，人生充滿別具意義的時刻。擁抱一位許久未見的好朋友，替你的家人烹煮一頓好吃的餐點。在工作崗位上，與團隊一同合作完成案子。注意到自己對於熱中的某些嗜好，表現得更好。在別人真正有需要時伸出援手。體驗這些別具意義的時刻，你不需要任何理論或理性的理由，你可以單純體會這些時刻本身的意義。

多數探討人類生命意義感的哲思都有類似問題，就是從高高在上的觀點審視一切。意即，這是透過中立且疏離的觀點來觀察人生，然後試著以邏輯的方式推論出某些意義，並加諸其上。但如果採取中立態度，這個觀點早就失去了你在人生當中必然會體驗到的意義。意義發生在人生當中，而非人生之外，體驗意義感就和體會暖意或同情一樣自然。因此，不是從外觀照自身，你可以從審視內在意義感開始，研究那些早已是你人生一部分、充滿意義的體驗。

一旦你的注意力轉向人生中的意義，那些讓你的人生感覺充滿意義的體驗，無論理性如何闡述與解讀，你將會很快就感覺到自己的生命中已擁有許多關係、體驗和情感，而且對你來說充滿意義。說到存在主義者的話，對於人類意義的看法最正確的，或許不是存在主義運動的大明星沙特（Jean-Paul Sartre），而是哲思的貢獻太常被人所忽略的西蒙．波娃（Simone de Beauvoir）。不像沙特幻想出完全獨立於社會之外，憑空而生，能夠自足且能自己作主，創造自身價值觀的個體，波娃強調我們每個人早已融入於我們所生存的環境中。她同意沙特和其他存在主義哲學家的主張，我們不該尋求外在價值觀給予的保證。如果人生很有價值，不是因為外頭有什麼人讓這個人生變得有價值，而是你自己本身的經驗。不過她不是憑空發明出一套價值觀，她更為適應實際情況的存在主義強調，我們心中早有定見，更渴望特定事物，認為其更有價值。對她而言，存在主義的極端形式「將人困在沒有結果的痛苦之中，是一種空洞的主觀性」，無法「提供任何可以協助他進行抉擇的原則」。身為人類，我們已經適應了這個世界，我們已然擁有許多價值觀、信念與想望。就由此開始，從我們體驗到的生命開始，你可以而且也應該開始這麼做，增長自己的道德，並且尋求更好的價值觀。為了有成長的餘地，對於自身的價值觀、目標與投入的承諾必須抱持開放的心態。如同波娃提到：「人們必須試著不去消除自身存在的不明確之處，反而應該接受並且理解。」不從中立的觀點出發，也不從零開始，你最好從自己最近體驗到的事物著手，什麼讓你覺得有價值，而且值得投入，然後以此為基礎。中心思想就是波娃所說的，不確定的體系是一種謙遜，同時考量到個人的價值觀，結合學習與成長的開放性，我認為藉此就能開始邁向更有意義的生活方式。

每當思考意義感，別從宏大且虛幻的宇宙起源之類的問題著手，反而應該從個人的生命經驗開始。從你此刻所在之處開始，花點時間回顧最近自己體驗過最有意義的時刻，哪些時刻更別具意義，接著想想哪些比較沒有意義。一旦你辨識出近日生活中最有意義的體驗，你可以開始思考人生中的選擇，確保未來能有更多類似這樣的時刻。要是對你來說，最有意義的事，是與某個人共度的時光，那麼你該思考如何更常與那人作伴？如果某樣工作任務對你來說比其他任務更有意義，你能採取哪些行動，讓自己好好發揮那些相關技能？運用自身的生活體驗做為起點，深化你所體會到的意義與滿足感。如果你還是有點答不上來，別擔心。接下來的章節將會明確指點，少數共通的核心價值可以幫上忙，協助你辨識出生活最主要的意義之源。

不過說來諷刺，一旦我們把注意力放在人生的意義，我們就很容易與其他人疏離，做出快速又決絕的判斷與區別，結果進一步讓我們困在自我參照的同溫層裡面。比如，你的傳統價值觀可能令我煩躁，而我們要是不能尊重彼此的不同意見，很容易在我們之間留下鴻溝。不過這種情況現在不會發生了，在這個全球緊密關聯的世界裡，我們可能每天都會碰上來自不同文化、背景，與信念體系的人。不過，假如我們將焦點放在生命中的意義上，我們會很驚訝，因為意義感的典型來源竟如此相似。同樣的事物令人類的生命充滿意義，全世界無論何種文化皆然。人類的狀況確實存在普遍性，辨識出是什麼特性、個性，以及需求讓我們團結一致，在這全球化的世界裡這變得非常重要，重要程度或許是前所未見。但願在辨識出我們人類的基本狀況的同時，我們也能學著同情與寬容，更加了解彼此。如果看得更仔細一點的話，會發現無論文化上有什麼差異，我們往往會用差不多的方式來尋找生命中的意義。

遭逢苦痛與死亡的意義

身為人類，我們必然在某個時間點蒙受苦痛，而且其中有些人會承受更大的折磨。再者，身為人類的悲傷事實就是，我們終將一死，這是命中注定，沒有任何人能夠免於一死，無論你對來世有什麼想法，是天堂或地獄，或者說實在的，也無關於存在主義探討的各個面向是否為真。那麼我們又該如何在面對如此嚴酷事實的同時，了解意義的存在呢？人生中最後能改變規則的就是死亡，這是否也扭曲了意義的本質呢？這所有的折磨、這些衰亡，都有意義嗎？

對我們許多人來說，生命意義的問題屬於個人宗教或信仰的範疇。不過要是我們接受這樣的事實，也就是儘管我們的宗教或信仰不同，每個人都將體驗苦痛與死亡，那麼即使眼前的命運與情況無法改變，我們還是可以討論什麼叫做找到生命中的意義。不過，這本書無法直接提供緩解苦痛的方法。世上存在著惡劣的生活條件與悲劇，我們不該糊弄自己，以為來世上走一遭能毫不受苦。不過，要是有人與此同時也被說服了，認為人生原則上不存在任何價值，這樣一來，不好過的日子就更難以應付。儘管如此，要是有人能夠在這樣的情形中找到希望，對事情會很有幫助。弗蘭克（Viktor Frankl）在《活出意義來》（*Man's Search for Meaning*）中寫道：「那時候最重要的就是見證，充分展現出人類的潛能，將個人的悲劇轉化為勝利，將個人尷尬困窘的境地化為人類的成就。等到我們再也改變不了狀況（只要想想不治之症，比方不宜手術的癌症）我們就必須考慮改變自己。」這種改變可能會很困難，不過在如此險況中，這可能是我們唯一的希望。

對於意義感來說，除了苦痛之外，另外一個熱門項目就是死亡。有些人似乎非常確信，只有外在的物質生活能夠確保充滿意義感的存在。如果一切事物早晚都會消失，掙扎又有什麼意義呢？如同第二章所述，由於不得不應對生命的荒謬感，人生的無常就是我們的主要應對方法之一。死亡損害了我們的生命，爭辯生命是否具備恆久意義的時候，這個論點常被用來做為反論。不過，我看不出來為什麼缺乏永恆就沒了意義。想像一下，你看到小孩在河中溺水，你會不假思索地跳進水裡救他。你的英勇行徑非常珍貴，你確實改變了那個男孩的生命，沒有什麼比這更有意義。事實上那個男孩還是會死，只是時間早晚的事，或許大約八十年之後吧！但這項舉動的意義感並不會因此而減少。就算他多年之後過世，但如果你沒有採取行動，中間這幾年就沒有機會存在。因為有你，這個男孩有機會長大，變成健康又自信的人，他的工作很有趣、家庭很可愛，他有很好的朋友，也從生活中獲得了其他的事物。可以說，你的英勇行徑讓這段人生成為可能，然後進一步體現在跟他產生關係的每一段人生：男孩的雙親、手足、朋友，以及未來的家庭。

意義感發生在生活之間，而不是在生活之後。雖然人類會反省，但我們真正想要體驗生活，就只有當下。在這個意義上，過去只是我們根據此刻體驗所編寫的記憶，未來則是我們此刻投射的希望與預測。哲學家帕帕斯（Gregory F. Pappas）是這麼說的：「先見之明、後見之明，還有當下的觀察，全在此刻完成，只為此刻存在。」他很贊成約翰・杜威（John Dewey）的說法，杜威將他對意義感的處方總結如下：「採取行動，增加此刻體驗到的意義感。」生活中的意義在於意義感的體驗。而就我所知，想要體驗就只能在當下、在當場，就是現在。你在二〇二〇年體驗到的意義感，不會在二〇三〇年時被拿走。人生由一段段短暫的時光組合而成，有幾段比其他更具意義。就算這些時刻不會長久，也無損他們的意義感，亞里斯多德早已指出：「此外，好事也不會因為成了永恆就變得更好，就像比較持久的白色也不比僅能持續一天的白色更白。」總的來說，這就是生命的真理。你在人生中體驗到多少意義感，並不取決於未來某個神秘時刻。而是每一天，由你所過的生活而決定。生命中的意義，是只有我們生活著的時候才能體會的事物。

意識到死亡的存在，不但不會使得我們的生命變得沒那麼有意義，反而可以使我們的生活更有意義，更有價值。了解你在地球上的時間有限，將使你更珍惜每一天。這是為什麼瀕死經驗讓人深切地注意到存在的限度，比方說治好了致命的疾病，常讓人們重新安排自己的優先順序，並且對他們的人生產生劇烈的影響。意識到你的生命跟真正想要的生活差距甚遠，有些時候不太令人愉快：一旦你停下來思量人生中真正重要的事物，你就不能一直拖延，不能漫無目的地度過人生。如果你想要掌握自己的人生，最好不要等到為時已晚。難怪古代斯多葛主義的哲學家、二十世紀的存在主義哲學家，還有佛教徒都如此推崇，認為死亡是重要的生命體驗。Memento mori（別忘了，你會死），西方歷史中，這句口號常出現在各種苦行與性靈傳統中。人生短暫，山謬．貝克特（Samuel Beckett）在《等待果陀》（*Waiting for Godot*）中寫道：「他們跨在墓上誕下新生命，瞬間光線微微閃爍，接著又是黑夜。」最佳療法就是下定決心做出人生選擇，確保那道光線還閃著微光，你剩下的日日週週，以及歲歲年年都值得如此。

不過你該如何確定，自己所剩的時日就如同你希望的那樣充滿意義？為了回答這個問題，我們來看些通常會讓日常經驗充滿意義的典型例子。

書本、死亡，還有以週數呈現九十年的人生

讓我意識到自己在地球上的生命和時間有限的，並非瀕死經驗而是書本，或許對一位哲學家來說還滿合理的。身為貪心的閱讀者，我常在各處放著好幾疊書，有些歸類在「必讀」，其他的則放在「我很快就會讀」那一堆。某天在搬進新公寓之後，我思索著該怎麼處理新房子放不下的書呢？我很冷靜地思考：很有可能，我進墳墓之前根本沒機會閱讀葛拉西安（Baltasar Gracián）的《智慧書》（*The*

Art of Worldly Wisdom），繆爾達（Gunnar Myrdal）的《福利國家背後》（*Beyond the Welfare State*），或者普魯斯特的（Marcel Proust）的《駁聖伯夫》（*Contre Sainte-Beuve*）。事實上，我死去的時候，會有很多書沒看過。我就在那裡，站在我的地窖裡盯著書架，接著想到人類存在的限制，不過是因為其中幾本還沒拆開的暢銷書。我不想表現得太誇張，不過我必須承認，我用手指滑過那些書背做為道別。

你可以說那些書，或者明白我對書本的欣賞有其限度，就是這一點讓我醒悟，並且了解自己終有一死。對我朋友來說，他可能已經意識到，他能在自己最愛的餐廳吃的牛排客數有限：要是他一年去那間餐廳三次，而且還能活三十年，那他剩下不到九十客牛排可以吃了。因「為什麼等待」（Wait But Why）而出名的作家提姆·

厄本（Tim Urban）了解到，儘管他才三十出頭，但是這輩子可以享受一下大海的機會卻出奇的少（他每年去海邊一次）。「感覺起來很怪，」他寫著：「我可能只能再去海邊六十幾次了。」人生短暫，最好讓每個片刻都發揮最大功效。好好品味你有限時日的秘訣在於，不要忘記了，據我們所知，你手上這條命就是你所擁有的一切。想要更了解這個概念，你可以參考厄本的提議，計算一下，假如你會活到九十歲高齡的話，人生還剩下幾週。其中有幾週會讓你覺得充滿意義？就像電影《蹺課天才》中費利（Ferris Bueller）這個角色的名言：「人生前進得很快，如果沒有三不五時停下腳步，東張西望，你可能就會錯過了。」

8 建構個人價值系統

人生為什麼值得一活？這個問題非常好。這個嘛，我認為有幾件事讓人生特別有價值。像是什麼？好吧，真要我說的話，我會說格魯喬．馬克斯（Groucho Marx）、威利．梅斯（Willie Mays）、朱比特交響曲（Jupiter Symphony）的第二樂章，以及美國爵士樂音樂家路易．阿姆斯壯（Louise Armstrong）的〈馬鈴薯頭藍調〉（Potato Head Blues），當然還有瑞典電影、福樓拜（Gustave Flaubert）的《情感教育》（*Sentimental Education*）、馬龍．白蘭度（Marlon Brando）、法蘭克．辛納屈（Frank Sinatra）、塞尚（Cézanne）畫筆下那些不可思議的蘋果和梨子，三和餐廳（Sam Wo's）的螃蟹、崔西的臉蛋……

——伍迪．艾倫，《曼哈頓》，一九七九年

意義感，你能在其中得到意義感的事物，還有你會想怎麼配合這些事物過生活，非常私人，而且非常主觀，完全取決於你生活於世的體驗，與你獨一無二的心理、基因，社會背景還有架構有關。人們發現生命中意義感的方式有太多，能激發某人意義感的事物，或許對其他人來說達不到效果。對於死忠的綠灣包裝工球迷來說，跟三五高中老友一起看星期天的比賽，可能正好就會讓他們覺得不枉此生，不過對於伍迪．艾倫執導電影《曼哈頓》中的角色來說，紐約知識分子適合的選擇不多，比如朱比特交響曲的第二樂章之類。

耗掉我童年許多夏日時光的那個森林區，對我而言有無比神聖的意義，但對其他人卻不是如此，這裡不過是一堆石頭、苔蘚和幾棵樹。意義感可能擁有豐富的來源，否認這一點沒有任何好處。最好可以接受我們每個人都有獨特的意義感來源，因為我們各自擁有不同的過去，所以對我們自己有效。不過無論如何，顯而易見的豐富性之下，依然看得出我們的相同之處。身為演化的生物，人類以特定的方式被塑造，代表相較之下，我們比較容易接受某些意義感來源，幾乎所有的人都受到吸引。對我們這些容易犯錯的人類來說，探詢這些意義之源，或許是我們所能得到的最為堅實的意義感。

從動物性偏好到人類價值觀

生命出現之前，沒有什麼是特別貴重的。接著生命出現，我們開始評定價值，不是因為能區別什麼，而是因為生物如果擁有珍惜（尤其是特定事物的）的傾向，更有利於生存。

——哲學家莎朗．史崔特，《實在論者的達爾文兩難》，二〇〇六年

從構造最簡單到構造最複雜的生物都一樣，動物比較喜歡特定的體驗：快樂優於痛苦、飽足勝過飢餓。由於不同物種在生存上不可或缺的體驗各不相同，因此各有獨特的偏好系統。水坑會吸引羚羊，不過牠們一看見獅子就會立刻逃跑。人類也不例外，人類已經擁有不少內建的偏好系統，引導我們的行動，確保我們得到生存所需，我們和其他動物同樣擁有這些基礎的本能天性。不過為了更明白什麼讓我們有所不同，我們可以檢視哲學家約翰．杜威的研究。

杜威被視為功能心理學之父，他也是美國二十世紀頭十年最重要的公共知識分子之一，杜威認為「重視」與「讚美」有所區別。重視，就是比較偏好某些事物，主要是從情感上自然發生。所有動物都投身於某種形式的比賽，不過人類並不會只滿足於偏好。我們也喜歡得到讚美，因此我們會特別評估並檢視自己的偏好，並用以判斷哪些價值實際上對我們來說重要且有意義。我們希望價值觀不只是單純的存在，希望它們能提供正當性。價值觀只有經過嚴格的測試與審查之後，才能得到我們個人或者社會方面的認可，我們據此做為衡量自身行動與行為的準則。動物的偏好分為本能與學習而來，我們可能會將之稱為原型價值觀。只有人類擁有所謂恰當的價值觀，也就是我們有意識的投入，並且經過深思熟慮之後才認可的事物。因此價值觀不存在人類經驗之外，而是包含在經驗之中，那是我們普遍來說願意接受也非常重視的評價準則。

人類的價值，就像可靠的工具。我們每天都利用這些工具，引導我們個人的選擇，並且好好遵守社會與道德標準。不過對於自己最不容侵犯的價值觀，我們非常投入，信念非常強烈，願意將自己的生命奠基於上，最極端的狀況下甚至願意為此而死。存在要有意義，基礎就在此。沒有價值觀的人跟動物沒什麼兩樣，不受限地依循本能行動。價值觀將我們的存在提升到動物世界之上，超脫出本能的生存遊戲。如同電影《自由之心》（*12 Years a Slave*）中的角色諾薩普（Solomon Northup）。「我不想生存，我想要生活。」僅僅是生存，並不足以讓生命值得活。同時辨識並培養值得投入的價值觀，如此我們才能讓自己的生命充滿強烈的意義感。

不過我們，或者以目前的狀況來說的話，你該怎麼辨識給予生命特別意義的價值觀呢？在過去，各文化一般來說具備固定的價值體系，並且期望每個人都能遵守。不過時至今日，你們在選擇自己的價值觀這點上擁有驚人的自由度。你該怎麼運用這份自由做出正確選擇？你該怎麼強化自身的價值觀，變成對自己最有力的支持？

自我決定論（Self-Determination Theory）：從基本的外在生理需求到基本的內在心理需求

愛德華．迪西（Edward Deci）和理查．萊恩（Richard Ryan）共同建立了自我決定論，關於人類的動機與需求，這個理論已經成為了最多實證的研究之一，確實有數百個研究支持。這是出自一個簡單的想法，人類是天生好奇、主動，且成長導向的物種，不只對外在刺激有反應，也積極地讓自己的人生有所成長，並且誠實地面對自身的內在動機、目標與價值觀。簡單來說，人類很主動。當我們決定自己在世界上的定位時，我們不會只想要滿足自己的生理需求：食物、水、居所。我們天生就會對人生有更多期望：展現自己的機會，想讓技能得到發展與優化，感受與其他人之間的連結。人類不會甘心僅止於存活，身為主動的物種，我們自然而然就會為了自己採取行動、設定目標。我們尋求挑戰與考驗，並且尋找有創意的方式來克服自身的限制，而與此同時，我們遵從迪西和萊恩定義的基本內在心理需求，也就是「為了持續維持心理成長、完整性與安康，天生的心理養分至關重要」。如同橡實需要土壤、陽光和水，才能夠長成健康的橡樹，人類則需要特定體驗才能成為心理健康的個體。

基礎心理需求的研究目標是找出人類所需的體驗，為了感受人生中的善，並且生氣蓬勃地生活。如果個人基礎心理需求暫時受挫，你會覺得心情糟糕又焦慮，不過，只要你能滿足自身需求，不只能讓心情變好，對你整體的心理完整感與安康也有所助益。同樣的，這些需求也有助於你參與某些活動，促進人生的成長。這些活動屬於成長導向，所以也就代表不同於生理需求，這些和你的生存沒有直接關聯。參與這些活動反而能夠培養技能、資源和社會連結，這些本身可能就已經令人覺得很有價值，不過日後生活中遭逢挑戰的時候也常常派上用場。幸運地，這不只滿足你成長導向的需求，我們大多數人也會非常享受。真正令人驚訝的是：如果想要意義非凡的人生，最好的做法就是，根據這些成長導向的人類需求，培養你的核心價值。

建立價值觀的基本心理需求

我們恰巧擁有複雜的心理以及情緒結構，只有了解我們到底是什麼樣的生物，才有可能開口詢問何謂有意義的生活。

——**強納森．海德特（Jonathan Haidt），《象與騎象人》，二〇〇六年**

自我決定理論辨識出三種基本心理需求：自主性（Autonomy）、勝任感（Competence）和自我連結性（Relatedness）。只要滿足這三種需求，人類就會覺得更加幸福，並且體驗到內在動機，事實上，人生也更有意義。

自主性是成為自己人生的作者，你能夠根據自身偏好，意志堅定地做出抉擇，參與你個人有興趣而且能夠展現自我的活動，並且追求你認為有價值的目標。勝任感，則關乎生命的掌握感。你對於自己的能力有信心，覺得自己能夠做好參與的活動，並且相信自己終能達成目標。能力不見得非得一成不變：學習新事物或者磨礪自身技能的時候，你也能感受到勝任感。自我連結性代表著與其他人產生聯繫，關心他們，也接受關心。這三項需求都來自心理需求，自我決定、幸福，以及個人意義的展現。不過，提到有意義的生活，我覺得公式之中還缺少重要元素。

仁心通常指稱「為善的傾向」，渴望對其他生命、社會和整個世界產生正面影響。事件可能非常瑣碎，比如讓你的鄰居露出微笑，也可能驚天動地，例如拯救某個人脫離火場。無論大小，只要你感受到自身生命對世界產生了正面的影響，你就會感受到自己的重要性，因為你的貢獻很有意義。雖然我自己和其他人的研究尚未證實仁心本身就是心理需求，但已經看得出來，仁心是我們幸福感受的重要源頭，對於我們體會的意義感貢獻尤其多。因此，既然要探討什麼事物讓人生充滿意義，我願意賭在自主性、勝任感、自我連結性和仁心上。

身為人類，你一定也有某種內在的心理需求。只要你能滿足這些需求，你就能得到深刻且幾乎是發自內心深處的成就感與滿足感。希望人生更有意義的話，下一步就是踏在這個基礎之上，將這些需求與成就感當成你生命的內在羅盤。每個與生俱來的心理需要，都該伴隨相應的價值觀，經過深思熟慮並支持個別心理需求，追求這些價值觀的過程將通往人生中的價值感。因此對於自主性的需求，常對應到重視求真以及自我表達；需要勝任感，就會看重精通與卓越；由於我們珍惜歸屬感，所以需要滿足自我連結性的需求；我們重視貢獻，則代表了我們對於仁心的潛在需求。

尋覓有意義生活的導引手冊時，我建議跟著這組四重唱。直覺上，它們具備強大的吸引力，此外，無論在個人或社會方面支持他們，都會帶來好的結果。它們深植於人類天性，因此足夠穩健，能為自己辯護，也敢回答關於人生意義的疑問。這也代表他們可以享受跨文化、宗教、經濟與其他藩籬的文化。評估全人類天生具備，並且別具意義的天性，你不只能夠從身旁取得足以支應價值體系的材料，你也更能從來自不同背景的人身上找到共通點。無論你來自何處，信仰為何，或者與鄰人有任何特別的差異存在，我們基本的人類天性讓我們團結一致，你從這裡面能夠找到人生最強烈的意義感與價值。除了認知直覺，並且值得投入，這些價值觀也很容易實行。

你所得即所求

許願要當心，願望會成真。

——古諺

人們追尋許多目標與價值，但研究指出追尋與基本需求相符的目標，將能提升我們的幸福感與意義感，而某些狀況下，與之不符合的目標可能會使人感到不適。比方說，在我來到這裡的幾年前，由迪西和萊恩，還有羅切斯特大學的尼米奇（Christopher Niemiec）做過一個實驗，他們要求研究所的學生考慮，追尋特定的人生目標。有些目標與成長導向的基礎需求相符：與他人擁有良好關係、對社群有所貢獻，身為一個人類，想要有更多成長。其他目標比較偏向外部：追求財富、名聲，或好看的外表。一年之後，他們聯絡這些學生，請他們以目標衡量近況。研究者審視結果，首先發現到你所得即所求。認為某些目標比較重要的話，通常在那些標的上會有比較多成長。認為維持良好關係很重要的人，覺得自己與他人的關係深化。重視好看外表的人，覺得自己的外表有所進步。這些發現並不令人意外：如果你重視某些事物，就會在那方面投入心力，投注了心力，你在那個目標上通常也會有所進展。不過研究人員也審視了追求目標帶來的幸福感，結果顯示，符合基本需求的目標如果有所進展，能夠增加幸福感。然而，如果與這些需求不相關的外在目標獲得進展，幸福感則不會增加，事實上，這甚至會稍微加強焦慮感等其他負面情緒。因此，以追求財富、名聲和好看外貌為目標的學生，就算在自己的目標上有所進展，幸福感不但沒有增強，反而感覺不適。謹慎地挑選自己的目標，符合自主性、勝任感與自我連結性等基本需求，在這個案例上，仁心也能增強幸福感。與這些基本需求不符合的目標，就算達成，也可能會讓你覺得更糟。

Part 3
通往更有意義的人生

9 投入你的關係

只要個人透過愛情、友情、憤慨與同情，將價值觀投入他人生命，那麼個人的生命就有了意義。

——**西蒙・波娃，《論老年》，一九七〇年**

一位哲學家走進酒吧，然後有個常客問他：「什麼是人生的意義？」那位哲學家就是我本人，要是其他人知道我的職業，就一定會碰上這個問題，發生的次數多到我已經準備好一套說詞。我會先解釋不是人生的意義，而是人生中的意義，接著才說出準備好的妙語。分成兩個部分，前半部如下：人生中的意義是讓你自己對他人有意義，就這麼簡單。忘記人生的意義吧，當你對其他人有意義時，你的人生就變得有意義：比方說幫助朋友，和心愛的人度過特別的時刻，或者還有更簡單的做法，結識一位好心的哲學家，那位哲學家現在亟需來杯啤酒，你可以請他喝一杯。

只要我們感受到自己的生命對其他人很有意義，我們就能夠看出自己生命的價值。宇宙或許寂靜無聲，不過我們的朋友家人、我們的同事與社群的聲音、能量與活力填滿了我們的生命。對我們最有意義的人就是最關心我們的人。就像哲學家安迪・考比寧（Antti Kauppinen）的主張，對於那些愛我們的人來說，我們無可取代：雖然任何人都能替某個小孩買禮物，他這麼寫道：「但它不會像父母親手做的禮物那麼重要。」親密關係中，我們通常只要在場，對於對方來說就已經是獨特且無可取代。

只要我們對人性有所了解，我們就會知道自己是社會性的動物。〈歸屬感的需求〉（The Need to Belong）是一篇很有影響力的評論文章，於一九九五年刊載於學術期刊《心理學公報》（*Psychological Bulleting*），羅伊．鮑麥斯特（Roy Baumeister）和馬克．利瑞（Mark Leary）在文章中提出了一個論點，後來成了被廣為接受，且看似非常顯而易見的心理學觀點：「歸屬感的需求是人類的基礎動機。」我們發展成彼此關心的群居生物，我們想建構牢固的社會關係，這樣的天性深藏在人性之中。

不過我們的社會天性更為深入，不只是關心他人而已：我們的天性如此，生命的重心不在於我，而是我們。心理學家將處於親密關係描述為「將他人包括到自我之中」。神經病理學的研究確實已經證明，想到自己還有我們心愛的人，將會觸發腦中特定區域，而想到陌生人的時候並不會有這樣的現象。社交是大腦的本能，而人類則被設計成與他人一同生活。法國哲學家梅洛龐蒂（Maurice Merleau-Ponty）解釋得非常好：「我們彼此合作，互惠互利。我們融合彼此的觀點，我們在共同的世界裡共存。」儘管我們身處西方式的個人主義文化，已經習慣在自己與他人間劃出特別清楚的分界線，不過能與他人如此明確切分實為文化所致，而非我們固有的生活方式。我們對於親近之人的幸福，關心程度幾乎等同我們對待自己的幸福。有些時候，比方身為父母，我們可能關心小孩的幸福勝於自己。無論我們把目光轉向哪個科學領域：生物學、神經病理研究、進化論研究、社會心理學、行為經濟學，甚至靈長類動物研究，我們都可以從中找到證據，證明我們需要與他人建立親密且關懷的關係，還有這類關係中，自我和他人的界線是如何開始鬆綁。

大量證據顯示出，自我連結性確實是我們意義感的關鍵來源。佛羅里達州立大學的研究員納撒尼爾．蘭伯特（Nathaniel Lambert）要求一群大學生，他的說法是「挑出對你來說能使生命最有意義的一項事物」，其中三分之二的答案，若不是某個家庭成員的名字，就是比較大方向地提到他們的家庭。最常被提起的意義之源，如果按照類別區分的話，「朋友」排名第二。皮尤研究中心（Pew Research Center）也得到類似的結果，他們詢問了四千個美國人，請他們用自己的說法描述什麼能帶給他們意義感：百分之六十九的受測者提到家人，而百分之十九提到朋友。其他研究也同樣顯示，如果與家人和朋友很親近，通常生命的意義感也會提升，而想到那些「跟對方在一起能讓你覺得自己有歸屬感」的人，通常能帶來較高的意義感。家人、朋友，還有其他親密關係，這些對許多人來說就是生命中意義感的關鍵來源。反過來說也沒錯：被社會排除在外會覺得人生沒有意義。比如泰勒．史提曼（Tyler Stillman）與同事招募了一群學生參與研究，並且宣稱研究是關於第一印象。這一百零八名學生各自錄了兩三分鐘的自我介紹影片。研究者接下來應該要給其他學生觀看自介影片，並詢問是否有人想見到影片製作者：結果沒人想見到他們。（事實上沒人看過影片，研究人員只是跟那些影片製作人說他們被拒絕了。）這個研究的結果不出所料：影片製作者將自己的生命評為較無意義，另一組沒有體驗到被社會驅逐的感受，因此評分較高。

不過，接觸其他人就是意義感的關鍵來源，這一點不需要研究來告訴我們。做為三個小小孩（我寫書的當下分別是兩歲、五歲，和七歲）的父親，我很容易就能找到日常生活中最有意義的時刻，那就是下班回家，讓最小的孩子坐在大腿上，與五歲小孩亂七八糟的捧角，和七歲小孩進行就算不是頗有見地也意外有趣的對話。這樣的時刻既親密、親愛，且非常溫暖，當然非常有意義。同樣也適用於那些我和另一半的私人時光，我們不需要分神注意小孩，可以望著彼此的眼睛，再次提醒彼此，沒有錯，這就是那些年前我愛上的人。雖然聽起來可能太多愁善感，這個清單還沒結束：朋友、同事、我的父母、兄弟妹、親戚，而且我很確定你也是如此。

在現代世界中，人類很幸運地擁有無數的選項，未必以「家庭」形式才能與他人建立牢固的關係與聯繫。比方說我有一群朋友，他們決定不要生孩子，而是跟想法類似的人住在一起。我足球隊上有幾個人，反而因為覺得對我們這個運動團體很有投入感，最近他們把球隊的標誌刺在身上。我有些同事投身鄰里活動，自願貢獻時間、精力還有資源，讓這個社區更有活力與向心力。現代社會的美好之處在於，我們能夠自由選擇什麼樣的意義之源最能觸動生命。不幸地，這種現代性既是祝福也是詛咒。

我們在現代西方國家體驗到的是折損的社群嗎？

如果只顧著自己，什麼事都只考慮對自己有沒有用，沒有人能過得開心；如果你要為自己而活，你就要為你的鄰人而活。

——**賽內卡，《道德書簡集》，大約西元六十五年**

尼加拉瓜東岸有個名叫奧里諾科的小村，我在這個只能搭船抵達、人口大約兩千的小村落待了一週，稍稍瞥見忙亂且都市化的現代世界所遺忘的生活方式。社區感以及較慢的生活步調顯而易見。我頭一晚就和當地人交上朋友，跟著他在村子裡繞了一下，我們碰上的人中似乎每四個就有一個是他的表親。我們一直停下來聊天，因為似乎沒人趕時間。對他而言，這個小村莊代表了一生：他在這裡出生，他認識這些人一輩子，他很有可能也會在這邊變老，然後死去，跟他的父母、祖父母埋在同樣的墓地。我在這個村子待得越久，我越覺得這種生活方式比較自然，不像是我回到家那種忙亂、都市化、孤立，而且一切都以計畫為導向的生活方式。

我很同意，有股衝動想把島上的生活視為天堂。身為漫不經心的觀察者兼局外人，我無法看懂日常生活中的戲劇性場面，也看不出人與人之間必然存在的衝突與障礙。比方在這個島上生了病，可能很快就演變成缺乏醫療照顧設施的狀況，而這些設備在西方世界是多麼習以為常。不過我仍然對他們的社會紐帶讚嘆又嫉妒。村民們身邊的人通常認識多年，他們的家人和摯友也都住在走路就能抵達的距離，他們白天碰到的人，幾乎每張面孔都很熟悉。

歷史上大半時間，人類的生活方式比較接近奧里諾科的村民，不太像今天的西方公民。狩獵採集的部落是緊密又親近的社群。農業社會中，人們也傾向留在原地，通常從出生到死亡都住在同樣的社區。相較之下，今天的西方人離鄉背井、獨自生活。大家族被核心家庭取代，親戚住在十萬八千里之外。我們「最親近」的親戚離我們再也不近。

不過，關於社群還有現代化，並不只是衰落的故事。事實上，個人主義反而讓新型態的社群竄起，農民或狩獵採集者過去無法觸及這類社群。安頓與親近感曾是社群的特色，我們或許失去了這兩者，不過我們獲得選擇的自由和能力，能根據自身的價值觀與興趣決定加入哪些社群。基於種種原因，生在無法融入的社群，可能會是一輩子的悲劇。現在狀況通常會好轉，我們可以加入比較適合自己的世界觀與興趣的各種社群。新的高中、大學、工作，以及鄰里，通常代表著個人有機會重新建立其他人眼中的身分。

傳統社群也常常相當壓抑，強迫遵循特定的規矩或世界觀，還有僵化的制度架構，比如女人的地位比較次等。雖然有些研究者敲響了警鐘，提醒美國與西方國家，社群正遭受侵蝕，或許最為有名的就是羅伯特．普特南教授（Robert Putnam）和他的名作《獨自打保齡球：美國社區的衰落和復興》（*Bowling Alone*），但社群感是否在過去幾十年間劇烈衰退，研究界似乎意見分歧。事實上，有些研究甚至指出個人主義越高，代表社會資本越多。美國的個人主義越是盛行，美國人民就越容易相信陌生人，在不同的群體找到歸屬感，並且擁有更多的社會資本。這個論點在美國之外也成立：比對四十二個相似國家，結果顯示，個人化的程度越高，屬於群體的成員較多，對陌生人的信任度也較高。因此有些研究人員，如愛沙尼亞的尤里・阿利克（Jüri Allik）和阿努・瑞羅（Anu Realo）主張「個人主義是社會資本成長的先決條件，只有在人類是自發、自控，並擁有成熟的責任感的前提下，不同個體間才可能出現自願性的合作與夥伴關係。」

現代化和個人化之間的關係，對於我們的社群感和歸屬感有複雜的影響。有些型態的社群可能會減少，不過其他型態似乎會增加。我們可能失去了我們祖先曾經擁有的終身親密社群，不過我們也有機會自願加入社群，在那些社群中我們能夠與志同道合的人相處，盡情展現自己的特質。儘管如此，要是我們想讓自己的人生，還有我們的孩子和孫子的人生更有意義，我們需要一起努力，壯大我們可以接觸的社群型態。意義在於連結。

增進幸福感和意義感，轉念通常是最好也最容易的方式：少專注自己，多與他人保持連結。

美好生活的公式

維特爾（Sebastian Vettel）是世界一級方程式賽車最年輕的冠軍（後來他連續四年拿下冠軍，成為世界知名人物以及千萬富翁），在他拿到冠軍的前幾年，他的醫生辛薩（Aki Hintsa）交給他一張紙和一個信封，並指定了任務：寫下人生中最重要的人的名字，以及他們為什麼重要。維特爾照做，接著將紙封進信封。辛薩建議他收好信封，然後說：「如果你成功了，會有更多人想成為你生命的一部分……看看這張信紙，確定誰是你真正的朋友，記得跟他們保持聯繫。」

辛薩醫生的許多客戶都進行了這個活動，他經常請他們列出清單，寫下願意跟誰花好幾個月搭船去遙遠的小島旅行。你自己也可以思考一下。你會帶著誰？你能否看出哪些人對你來說是真正重要的，只要跟哪些人待在一起就能感覺到活力與意義？你列出來之後，接著想想自己最近花了多少時間和精力在他們身上。除此之外，回想你和他們的互動：你對待他們是否真心誠意？對自己是否也是如此？

辛薩的客戶中有許多工作能力很強又非常努力的成功人士，這些人卻經常為了事業犧牲或不顧有意義的家人或朋友關係。比如某位公司主管，他習慣花大錢帶妻子和小孩出國度假。度假時，他會幫小孩報名各式各樣的探險活動，然後送妻子去做美容按摩。等到他的家人都出門，他就會在辦公室之外開始長時間工作。如果這只是偶爾發生一次，可能還沒什麼大不了，不過這件事成了常態，結果對他的人生大局來說，變成了一大問題。孩子們想去探險，另一半或許很感謝這天美好的按摩，但如果獲得這些代表失去家人間的親密感，沒有奢華旅行能夠彌補緊張的親子或婚姻關係。辛薩給他的運動員還有主管級客戶的標準建議都一樣：花些時間跟你心愛的人待在一起，這應該是你的優先要務。

芬蘭研究員莉娜．瓦爾科寧（Leena Valkonen）為了論文訪問十一到十三歲的小孩，她詢問他們對父母有什麼希望，其中最常提到的就是時間。十二歲的男孩寫道：「家人優先，接著才是工作，父母不該忘記這一點。」這種家族時間的需要並不特別。多數的小孩希望每天都能固定和家長進行一些活動，比方烹飪、聊天、清掃、聽音樂、玩球，或者就只是一起出門去玩。有個小孩是這麼說的：「父母應該『就是』在家。」

回到年輕的維特爾，維特爾謹記辛薩的見解。幾年之後，他在全世界都出了名，每個人都希望得到一部分的他。他想起那個信封的內容，並且在這幾年來，小心翼翼地保護自己內側的圈圈，在媒體狂亂的關注與聲量之中，他還是找時間陪伴他最親近的家人和朋友。他還是跟兒時玩伴漢娜．普拉特（Hanna Prater）在一起，還跟她生了兩個小孩。他了解到無論自己多麼成功，想過著有意義且美好的生活，秘訣在於生命中擁有幾個自己真正信任、關心與珍愛的好人。無論你們是否一起擠在狹窄的帆船好幾個月，或者一同登上遙遠的小島，抑或只是承受身為人類每天的磨難，你都希望這些人在身邊。他們讓你的人生變得更好，而且你對他們來說也是如此。

如果你很幸運，你的名字也會被心愛的人封進他們的信封。

10

幫助他人，幫助自己

一個人無論是多麼自私，他的天性裡總有些基本原則，會使他對別人的命運產生興趣，並且認為別人的快樂有其必要，看到別人快樂他也會快樂，雖然這快樂對他自己是毫無益處。

——**亞當・史密斯，《道德情操論》，一七五九年出版**

一九四五年的平安夜，紐約貝德福瀑布附近的小鎮中，喬治・貝里站在橋上，盯著下方暗黑的流水準備自殺。他生意失敗，夢想落空。他又醉又絕望，認為自己完全沒有出路。

法蘭克．卡普拉（Frank Capra）導演的《風雲人生》（*It's a Wonderful Life*）是史上最受歡迎的經典電影之一。喬治．貝里正準備跳下橋，名叫克萊倫斯．奧博迪的天使卻在此時出現，躍進水中，喬治覺得自己有義務救他一命，一陣折騰之後就忘了自己的打算。喬治後來告訴他：「如果不是我，每個人都會過得更好。」克萊倫斯立刻採取行動，讓喬治親眼看看，少了他這個穩定又充滿熱情的存在，其他人的生命會變得如何。喬治接著進入嚇壞他的平行現實：他弟弟過世、叔叔因為無力自理而進了收容所、太太孤身一人，整座小鎮愁雲慘霧。喬治很快就了解到自己對鎮上其他居民，包含自己的家人在內，所產生的正面影響。因為他，還有他做出的選擇與犧牲，身邊許多人都過得更好。希望回家的想法取代自殺的渴望，他想待在那些自己關心，也關心自己的人身邊。

如同前面提過的，人生中的意義是讓自己對其他人有意義，不過達成的方式至少有兩種。我們不只對於親近的人來說別具意義，那些我們能夠產生正面影響的人，我們對他們也有意義。對於生命中的意義來說，這項替代來源也至關重要。如果你能對世界有所貢獻，就算影響力很小，也將增加生命的意義感。

想一想活得特別有意義的人：馬丁・路德・金恩（Martin Luther King Jr.）、印度聖雄甘地（Mahatma Gandhi）、南非國父曼德拉（Nelson Mandela），或者德蕾莎修女（Mother Teresa），這些可能是你腦中出現的名字。他們同樣之處在於都採取了行動，對於其他所有世代的人類產生正向的影響。這是他們對於整個世界的非凡貢獻（通常伴隨著巨大的個人犧牲），這讓我們認為他們是有意義生活的典範。例如曼德拉，他人生有二十七年都在監獄裡度過，並且在歷經整個世紀的種族隔離，以及對黑人的壓迫後，成為南非民族議會黨（ＡＮＣ）的黨魁。他推動寬恕和非暴力政策，因而避免整個國家陷入內戰，畢竟內戰肯定等於數以千計人民的死亡與深深的痛苦。曼德拉對於世界史的影響極為正面，他的人生因此常被當作真正有意義人生的典範。我們對於特定職業的想法也很類似，認為某些職業特別有意義，比方消防隊員、護理師還有醫生通常名列前茅。這些職業同樣對於其他人的生命帶來顯而易見的正面影響。我們說到某件事具有意義，或者缺乏意義，我們其實通常是想知道這件事情是否能為其他人，或者這個世界帶來正面的影響。

也因此，下列的結果並不令人意外，研究者請受測者採取對他人有益的行動之後，他們通常會認為該舉動很有意義。幾年後，我決定協同理查·萊恩教授測試這個理論。我們請羅徹斯特大學的學生玩個簡單的電腦遊戲：學生們閱讀出現在電腦螢幕最上方，還有螢幕最下方的四個字詞。研究人員會要求他們從下方四個字詞之中，挑出跟螢幕上方字詞同義者。玩了二十分鐘之後，我們請學生針對遊戲的體驗進行評分。要是你工作中曾經做過乏味無聊的任務，你大概可以猜到這個活動在意義感的評分量表結果。

其中半數參賽者直接開始玩遊戲。不過另外一半在開始之前就知道，每答對一題，就會捐出一點錢給聯合國世界糧食計畫署（United Nations World Food Program）幫助全世界飢餓的人。內容完全相同的遊戲，不過有機會帶來正面影響。後來兩群人的評分出現顯著差距，捐款的組別對於遊戲意義的評分明顯高於對照組。這顯示我們十分願意（或許甚至有點熱切地）忽略乏味感，只要這枯燥的任務同時能夠帶來好的影響。此研究與其他心理研究據此得到了簡單的結論：要想體驗生命中存在的意義，找個方式感受自己對他人的生命做出有意義的貢獻即可。

研究顯示，幫助他人會對你的健康產生驚人影響

同情心對人類來說非常重要，對那些表達同情的人還有接受同情的人來說同樣重要。

——莫妮卡．沃林與珍妮．杜頓，《喚起職場同情心》，二〇一七年出版

幫助他人，除了增加你的意義感，對於本身的生命也能產生其他有形的益處。英屬哥倫比亞大學的研究團隊給了一群患有高血壓的年長受測者零用錢。連續三週，每位受測者都會拿到四十元。不

過半數受測者聽到的指示是將錢花在自己身上，另一半的受測者則被要求花在人身上：幫朋友買禮物、捐款給慈善團體等等。零用錢週的前後，研究者測量兩組受測者的血壓。那些將錢花在別人身上的參加者，他們的血壓（收縮壓與舒張壓皆然）與另外一組人比較之下，明顯低了許多。此外，血壓降低的幅度差不多等同於經常運動，或較為健康的飲食的人。

因此請審慎選擇自己所提供的幫助：這對你的健康有隱形好處。要是你的狀況很糟，幫助他人還能讓你更長壽！針對八百四十六位年長者死亡預測因子的研究，比較五年間領取社會援助與提供社會支援的兩群人。雖然直覺上會認為接受支援對個人較好，結果卻顯示實際上提供社會援助者壽命相對較長：相對於社會參與度較低的受測者，提供朋友、親戚還有鄰居重要支援，還有在情緒上比較照顧另一半的人，在研究期間結束時更有可能活著。即便是在研究者控制了許多人口因素，比方身體健康、心理健康、個性與婚姻的狀況下，這些結果依然成立。

超過十份研究也呈現了定期志願參與志工活動會比較長壽。幫助其他人甚至可以減緩一些通常會對生命造成不良影響的因素：底特律周邊八百個受測者中，過去一年未幫助其他人者，壓力事件會影響他們的死亡率，但那些幫助別人的人並沒有這種狀況。此外，一般通常會認為照顧生病的親人是一種負擔。不過，儘管眼睜睜看著另一半的生命逝去，其間的壓力與憂傷會是沉重的負擔，但是能主動付出可能對於照顧者的壽命有正面的影響。一份針對三千多位年長已婚者的國家研究顯示，控制各種人口和健康變量的狀況下，那些每週至少花十四小時照顧另一半的人其實較長壽。

如果說長壽和健康都還不夠，支援照顧他人也會讓照顧者更快樂，英屬哥倫比亞大學的教授伊莉莎白．鄧恩（Elizabeth Dunn）表示，拿到五美金後，花在自己身上的人，和另一群把五美金花在別人身上的人，後者的幸福感較高。不只在她的故鄉加拿大如此，世界的另外一邊，遠至烏干達、南非，甚至是到印度，都同樣如此，她的同事拉拉．阿克寧（Lara Aknin）的研究可以看得出來。在大洋洲的萬那杜共和國（Pacific Island of Vanuatu），阿克寧也在與世隔絕的小農村中進行了同樣的研究。就算在那裡，為他人買東西也比買給自己帶來更正面的情緒。這一點似乎根植於我們的天性，對我們來說，幫助其他人是一件開心的事，而且這適用於各個文化。不同的神經學研究提供進一步確切的證明，慈善之舉的確能夠激發頭腦中的獎勵機制。

給予他人一點善意，不只很有意義，也是改善我們身心健康與幸福感的良藥。

如何貢獻

同情心對我們所有人來說都有意義。它豐富我們的生命，使我們的品格更加高尚，那些既不願付出也不願接受好意的人，甚至也同樣受益，因為這提出了美好的社會願景，並且提供關懷他人的具體範例，讓我們得以仿效，我們的社會網絡向外擴散，同情的行為讓我們找到自己的定位，成為社會中的一分子。

——社會學家羅伯特．伍思諾，《同情的行為》，一九九一年出版

如果說這對於心靈安頓、身體健康，以及生命中的意義是如此重要的來源，那麼最好的貢獻方式是什麼？首先，重點是別忘了，不需要像曼德拉那樣「拯救國家」的貢獻。根據研究顯示，就算是微小善舉都能影響個人的意義感。我們所做出的有意義貢獻，大多數都是微小而瑣碎，不過仍然能夠在日常生活中引出有意義的時光。回想一下，你逗得心愛或關心的人真的很開心的時刻。或許你臨時為另一半準備了燭光晚餐，或許在摯友因為私人問題而掙扎時幫了他一把。

教授這個主題時，我時常會要求學生，在下一堂課之前隨機執行三個善舉。他們的「貢獻」從給郵差一杯果汁、陪伴祖父母一整個下午，到幫助觀光客在附近彎來繞去的巷弄裡找路。接下來，我們會在課堂上討論我們各式各樣的貢獻，以及我們對這些舉動的感受，這些故事都非常觸動人心，而課外善舉成了課堂的亮點。聽到這些學生以充滿創意的方式，為了他人費盡心思，不只令人振奮，也令人非常感動，因為有些學生的報告提到，他們體驗到與幫助過的那個（或那些）人之間產生了深刻的連結。這些小小的善舉讓他們有了美好的一天，他們感受到溫暖的聯繫感與意義感，以非常真實且直接的方式說明了，在我們幫助他人的時候，同時也幫助了自己。

如果你想在生命中做出貢獻，而且想找到更深刻的方式，工作常是最好的選擇。我們如果夠幸運，就能每天在工作上投入八小時或更多時間，做一些帶來正面積極影響的事情，這代表我們的生命中早已內建重大的意義感來源。一般情況下，只需要提醒自己，自身的工作帶來的正向影響力。耶魯大學的艾美．沃茲涅夫斯基（Amy Wrzesniewski）要求醫院保全人員描述自己的工作。有些人表示，認為自己的工作「只負責保持整潔」，而其他人由於協助保持醫院的高標準衛生環境，「認為自己的任務以及自己本身，對於病人的治癒非常重要」。完全相同的工作，但兩種不同的看法，有些時候我們只需要增加覺察力，發現自己在工作方面有何貢獻。

如果你的工作並不包含重大任務，你可以享受幫助個別客戶或者同事的快樂感受。我的同事最近提議，每週五我們應該想一個自己希望致謝的同事，接著將我們對他的感激之情放進辦公室內部通訊軟體Slack。現在，我們在當週彼此幫助的那些小事，所有人都看得見。這些感謝的訊息非常感人，也在公司之中建立起強烈的貢獻感與社群感。

工作之餘，你可以選擇當志工、小額捐款，幫助你的朋友或者親族成員、參與鄰里活動，或者支持你有強烈共感的政治目標或活動。無論你做什麼，不需要搶輸贏。只要你仔細尋找，有許多機會能做出有意義的貢獻。舉例來說，湯羹餐廳位於澳洲墨爾本，這間餐廳的客人發起「讓愛傳下去」這個原則，定期額外贊助三點五澳幣，購買提供無家者的待用餐點。這個活動非常熱門，餐廳有一整面牆都貼滿了領待取用餐的餐券。

好東西怎麼樣算是太多？

小小警告：好東西太多也可能會壞事。如果我們只關心其他人的福祉，總是優先考慮別人，我們有可能會忽視自身的需求。有些人會犧牲自己的幸福快樂，只為顧及家人或完成某些重大又全面的目標，這些人身上發生過太多悲劇。幫助是好事，不過這應該經過挑選與考量，如同亞當・格蘭特教授（Adam Grant）強調並寫下的：「取悅他人和幫助他們，兩者間差別很大。」格蘭特教授在華頓商學院教授利社會給予（prosocial giving），他是這個領域的專家。只因為你不敢拒絕，所以無論是誰開口你都會幫忙，完全不同於深思熟慮地挑選真正想幫助的對象。沒有錯，有一部分研究顯示自發性的動機可以提升幫助者的幸福感，但如果這個人是被迫或被逼著要對別人好，這一點就不成立了。學會如何說不，我們能選擇何時提供協助，並且專心在我們的興趣與天分最能好好發揮的領域，以及我們的投入能獲致最大影響力的項目。試著不要無時不刻，無所不幫。只幫助那些你真心想幫的對象，那些從你的協助獲得最多的人，而不是那些吵得最大聲的人。

沒有人是一座孤島，我們人類這種社會化的生物同時擁有兩種渴望，想要照顧自己也想照顧別人。正是因為如此，只照顧自己或只照料他人這樣的極端狀態，會傷害我們的幸福感。在兩種情境下，我們的人性都有一部分感到窒息。關鍵在於找到平衡點。不過在我們強調個人主義、敢於表達自利想法的年代，要達到那樣的平衡，通常代表著全心投入，有意識地投入，想辦法以最好的方式幫助身邊的人。

11 成為你自己

相信汝自己：每顆心都隨著那弦跳動。

——**愛默生，《自立》，一八四一年出版**

我快滿三歲的兒子，就像其他差不多年紀的學步兒童，他們不會用走的。他要不是像頭牛那樣牢牢待在原地，就是拔腿狂奔，到處亂衝，沒有中間值。如果他發現或者感覺到有些事是外力強迫，他會堅決拒絕參與。另一方面，我也看得出來有些事讓他打從心底感到開心，這可以說是來自內部的動力。他的快樂和興奮之情顯而易見，而且在這樣的例子中，毫不害羞地狂奔似乎是他的唯一選項。以小孩來說，很容易能感覺到是被迫去做，或者真心想做。我們甚至可以更清楚看到兒童的感受：被迫進行的活動通常伴隨臭臉與眼淚，真心想做的活動則會有笑聲和融化人心的笑容。

身為人類最棒的地方，在於擁有自由，我們能夠去做心裡贊同的事，去做我們覺得發自內心應該做的事。我們手牽著手，我們會愛，我們寫作與交談，我們創作，我們唱歌、跳舞、大笑、奔跑、攀爬，還有跳躍。我們情緒激動，沉迷於某些事物。有時候有些事或自我表達的模式太吸引我們，我們簡直迫不及待想要開始。我們有能力展現並且理解自己，做自己喜歡的事。簡單的說，我們可以真誠展現自我。本真就是覺得自己的人生歷程由自己指揮與選擇，這對於我們的人生意義感非常重要。意義關乎聯繫。前兩章強調過與他人保持聯繫的重要性，而與我們自身保持聯繫與同樣重要，否則我們只是行屍走肉。

能夠依據自己選擇的方式生活，自行選擇要做什麼，這是重要的意義感來源。哲學家理查．泰勒（Richard Taylor）談到「奇妙的意義感」，他用這個詞來形容能夠去做自己「興趣所在」之事。這一點反過來滿足我們「那股內在的衝動，就是想去做我們當做之事」。在這個意義上，能夠真誠生活這件事本身就很有價值。哲學家勞倫斯．貝克（Lawrence Becker）甚至更強烈地主張「擁有自主性的人類生活有其尊嚴，那無法計量、無從比較、無限而且無價」。就連托爾斯泰都認同自我表達在引導人類的活動與寫作的力量，「存在一切之中，存在是我所有寫下的文字之中，都是為了實現自我表達，想要將這些想法連結並且組織起來的需要引導著我」。

心理學研究證實了哲學家提出的說法，本真對於生命中的意義非常重要。蕾貝卡·席列戈（Rebecca Schlegel）和她德州農工大學的同事呈現出各種不同形式的本真以及自我表達，如何連結到更深刻的人生意義感體驗。其中一個研究中，席列戈請一組學生盡可能詳盡提供他們「真正的自我」，描述「你認為自己的真正樣貌」。另一組學生被要求寫下「日常的自我」，也就是他們每天的實際表現，第三組學生被要求寫下的內容則與校園書店有關。完成指定寫作任務之後，接著請這些學生針對生命的意義進行評分。

受測者在他們各式各樣的短文中提供了多少細節，研究人員對這一點很感興趣，他們假設對於真正自我描述得越詳實的受測者，越有可能真正與那種自我意識保持連結。不出所料，寫下他們日常中實際的自我，還有校園書店的受測者，細節量跟他們生命中的意義感沒有任何關聯。不過，如果受測者寫下的是他們的真實自我，文章寫得越詳細，此人通常在生活中體驗過較多的意義感。這個研究和席列戈與其他人的研究都呈現出這個結論，與自己真正的自我保持聯繫，將導致更高的意義感。在此，席列戈的實證研究，支持了人本主義著名心理學家，像是羅吉斯（Carl Rogers）和馬斯洛（Abraham Maslow）數十年前提出的說法，還有自我決定理論（Self-determination theory）較近期的聲稱：自主性是人類的基本需求，因此只要有機會能夠過自己真正想過的生活，對我們來說就有意義。能夠展現自我是充實生活的一部分，而此類自我實現能讓我們感覺自己的生命更值得一活。

我們覺得自己的選擇與行動具備多少自主性與本真，而不是受到外來的壓力所掌控。我們所體驗的這項性質，對於人類的健康、成長與完整性具有重要的意義，自我決定理論已經有上百篇科學文章證明了這個論點，在生命的各項領域中自主性都很重要，包含親職與教育，到運動和體能鍛鍊，再到減重及戒菸，再到工作環境，甚至口腔衛生。整體的結論是自主感對於下列兩者都很重要，無論是行為成果，或者健康成果。自我激勵的人更有可能達成目標，比方說，對於自己的人生更滿意，就能體驗到更多的正向感受，也會覺得更生氣勃勃且充滿活力。

想要真正了解自主性，關鍵在於明白自主性跟個人主義有所不同。自主性不僅僅對於西方國家的幸福感相當重要（這些國家中個人主義已成文化規範），對於像是中國、韓國、土耳其、俄羅斯和秘魯這樣的國家亦然。個人主義強調每個人的差別與自我主張、不依賴他人，並且優先考慮個人的偏好和價值觀，而不是集體的偏好和價值觀。相反地，自主性與感受有關，個人的行動和選擇是出於自己的選擇，而非由外在掌控。意思是個人能自行選擇支持集體的價值觀。換句話說，我自己可以選擇幫助你，我自己可以選擇優先考慮我的小孩，然後才考慮我自己的福祉。因此，研究者瓦萊里・奇科夫（Valery Chirkov）指出，相較於美國的學生，俄羅斯和南韓的學生認為他們的文化偏向集體主義，在這三個國家中，人們自己對於文化價值觀的支持度不一。在他的研究中，有些美國學生認為在他們國家中的個人主義太過頭，但其他學生完全支持這樣的個人主義。同樣的，有些南韓學生完全內化了他們國家集體主義的價值觀，自發地忠於此觀念，但其他人渴望更個人主義的價值觀。而對於自己國家的文化價值觀，他們自發性支持的程度有多少，在三個國家中都可以推論出學生的幸福度。無論這個國家屬於集體主義或個人主義，文化中的自主感對於個人幸福至關重要。當我們能對自己坦承，並且按照自己的價值觀與興趣而活，我們才能真正生氣勃勃。如同迪西和萊恩（Deci & Ryan）所說「如果能讓人性最完整地展現，人類會是好奇、生氣勃勃而且自動自發的動物。在最佳狀態下，他們具備主體性，易受啟發，渴望學習，想要拓展自己，熟悉新的技能，好好使用他們的天分。」我們如果能夠追求自己選定的活動，並且時時探詢真正的自己、清楚我們真正重視的價值為何，這種狀況下最能看出人性的本質。如果能夠那麼做，將能讓人生值得一活。

極度受限狀況下的自主性

刺激與回應之間，存在著空檔。那個空檔中，我們能夠選擇如何回應。而我們的回應，就是我們的成長與自由之所在。

——**作家史蒂芬・柯維，《與時間有約》，一九九五年出版**

即便處於最為受限的環境，我們能力所及的範圍內，仍舊握有自由的種子：選擇我們如何解讀現況的自由，還有如何回應的自由。沙特寫到：「一旦自由點亮人心中的烽火，眾神也無力對抗。」人生有其限制。比如說，囚犯無法憑藉意志力離開監獄。不過就連這樣的囚犯都能選擇如何面對自己遭受關押的處境。沙特曾經在二戰期間當了九個月的戰俘，他個人經驗可以支持他的結論。維克多・法蘭可（Viktor Frankl）表達過相似的觀點，他寫道：「在集中營中生活過的我們，不會忘記在棚屋中安慰大家的人，不會忘記將最後一塊麵包送給別人的人。這樣的人或許很少，但他們足以證明，人類只有一種特質不會被剝奪：這是人類最後的自由，任何情況下都能夠選擇自己的態度、選擇自己的生活方式。」

人生有其限制，不過我們還是可以自由選擇我們該如何應對各種受限的情況。因為我們無法控制外在世界，如果我們的幸福以意義感取決於外在環境，必然非常脆弱。意外總會發生，你所愛的人會死去，某種程度的悲劇是日常生活的一部分。不過，要說我們對什麼還有點控制力，就是我們自己回應外在世界的方式。對法蘭可，還有對很多其他人而言，無論是極端或者瑣碎乏味的折磨，我們在能力所及的範圍內所做出的回應，我們情緒與心理的選擇，設定了方向，讓我們個人能夠獲得解脫，也給了我們這些痛苦時刻所需的希望與忍耐力。

古斯多噶學派的理想狀態是 apatheia，純就字面翻譯是「免於激情」。在這種心理狀態下，個人能不帶批判地去面對生命中發生的任何事，任其發生，然後沉思冥想，甚至能做出恰當的回應，但不為之吞沒。免於激情是能夠與世上任何事件與其反應保持一定距離，而不允許自己被激怒。如果我們心靈能夠達到這種平靜狀態，將沒有外在的事件能夠侵擾我們內心的平靜。當然，達到這樣的心靈狀態非常困難。斯多噶學派因此擁有包含各種鍛鍊的完整程序，幫助個人慢慢形塑自己的心智，朝向免於激情的狀態。如此一來，即便在最受限的情況下，還是有可能體驗到一定程度的自由，不過要從外在的情境達到這種程度的自由，這種心態只有經過重大的努力才能獲致。

重點是，儘管邁向這種平靜心態的過程，將能幫助人們度過各種難以忍受的情況，我們不該誤把這一點當成藉口，認為社會不該支持個人自主性。舉個例子來說，要是我們能從自我決定論的研究中學到什麼，那就是學校、社群，還有工作場所越是支持個人自主性，那麼人們越能了解自己，幸福感也越高。如果受到緊密控制，並且被逼著去做不想做的事，人類在這樣的環境下無法好好發展。倘若工作文化令人窒息，解決之道不會是教導員工正念關照，幫助他們應對這種壓迫的環境。解決之道應該是重新進行組織設計，容許更多自我表達與自由的空間。身為一個社會以及其中的公民，我們應該要能好好建構環境、組織與政府，使之允許個人能夠透過行動來體驗本真以及自主性，而不只是在思想中演練。

敢於牽掛：如何自發性地利他助人

你可曾在沒有救生衣的狀況下游過刺骨的冰水，只為了拯救某個失去意識的陌生女子？消防隊員傑克．凱西（Jack Casey）有過這樣的經驗。在他志願擔任救生員的兩年期間中，支援超過五百通緊急呼叫，冒著生命危險拯救許多人免於生死劫難。他還是地區救難隊的成員，每個禮拜花三個小時教授紅十字會成員急救課程，幾年之前則開始擔任背包客戶外活動的領隊。社會學家羅伯特．伍思諾（Robert Wuthnow）為了撰寫《同情的行為》（*Acts of Compassion*）訪問過傑克．凱西，伍思諾認為對方是個真正無私的美國英雄，希望自己可以成為他人穩定與安全的基石。與此同時，傑克對自己的形容則是「比較不喜歡依賴別人」。他很自豪自己是堅定的個人主義者，他只做自己想做的事，而且想做的時候才做，可以有自己的想法，必要的時候也可以表達不同的意見。對傑克還有許多人來說，自由是美國的核心價值。

對伍思諾而言，傑克代表了他稱之為美國矛盾的狀況：他比一般人更自動自發，也更獨立，不過他也更關心其他人。他算是個人主義者還是利他主義者？答案是兩者皆對。事實上，正是基於社會規範的自主性與獨立性，傑克．凱西才能夠察覺到自己到底想做什麼。他想要幫助別人。不是因為他必須這麼做，而是因為他真心想要這麼做。

我們是否能夠獨立做出選擇，還是我們太過軟弱又依賴別人，於是讓其他人來決定自己的人生？這是個人主義的問題。我們比較在乎自己，或者我們也真的在乎別人？這是利他主義的問題。不過還有第三個問題：個人能不能在獨立做出選擇的同時，也體認到個人的同情與關心擴及社會結構中的其他成員呢？這是關係主義的本質，這是一種強調個人的利他主義，從這個意義來看，傑克．凱西顯然是個關係主義者：他自己做出決定，選擇了自己的人生方向，讓他願意奉獻大量時間幫助身邊的人。

這也就是說，人類可能成為獨立的利他主義者，這類人所做出的人生選擇，使得他們自動自發地想幫助那些有需要的人。只要這是你自己的決定，你還是獨立個體。今日，許多人為了符合我們這個時代的自私準則，壓抑他們較為利他的天性本能。身為需要社交的動物，我們天生就會關心他人，不過因為現今的文化讚揚自我主義，認為這才是「理性的」選擇，導致人們為了適應這樣的社會文化，而忽略自身的利他天性。我們的文化太輕易就把自私等同於聰明，而那些幫助他人的人常被當成蠢蛋。因為這種文化想像，我們擔心可能會被其他人嘲笑，認為不關心自己的利益，所以不敢展現無私。自己做某些事只是為了別人，心中沒有自利的考量，承認這件事需要勇氣。說來不太意外，或許這已經成了現代的悖論，擁有較為獨立心靈的人或許反而更具備利他傾向。為什麼呢？因為擁有獨立心靈的人通常也更自動自發，於是能夠自外於文化規範。此外，在反抗現行體制方面，他們通常比較善於表達自己更他者導向、重視關係，並且利他的傾向。

12 精熟自己的潛力

每個人身上都有一股控制不住的傾向，想依循天性中最強大的特質發展自我：訴說並展現自己的特質。這恰當、合適，且無可避免，不但可說是職責所在，甚至也總結了人類的職責。人生於世的意義或許可由下列定義所組成：展現你的自身，去做自己有能力辦到的事。

——**湯瑪斯．卡萊爾，《論英雄與英雄崇拜》，一八四〇年出版**

優秀卓越有其美好之處，無論是哪個領域：現代舞、籃球、政治演說、美食，或者一邊雜耍一邊解開三個魔術方塊。如果有人表現得非常精采，我們都會看得驚嘆不已。我們忍不住欣賞這一切。我一輩子都踢業餘等級的足球，所以看到那些技術精湛的選手，比方梅西（Lionel Messi）、C羅（Cristiano Ronaldo）或者瑪塔（Marta Vieira da Silva）盤球，我會不由自主地喝采。閱讀時，我有時會停下欣賞寫得特別好的句子。如果有人在某個領域是世界第一（無論是哪個領域），我會立刻對他充滿敬意。近來的全球化時代之前，想讓身邊的人讚賞自己，成為當地最厲害的人就已經足夠。我的祖父就算到了八十幾歲，都還記得他年輕時代，那些贏下全國冠軍田徑運動員的名字。

卓越表現中是否蘊含美德呢？古希臘人是這麼認為。對他們來說，卓越表現就是美德。Aretê，這個代表美德的希臘文，在荷馬（Homer）史詩裡面用來形容任何形式的卓越表現。快腿跑者展現他雙腳的 Aretê，高大強壯的劍士展現自己身體力量的 Aretê。在荷馬、冰島傳奇（Icelandic sagas），或者愛爾蘭阿特斯傳說所講述的古英雄社會中，個人的終極義務是履行社會加諸其身的職責。任何幫助他完成這項職責的，都被視為美德；任何使他失職的，都算是惡習。分析英雄社會中的道德準則後，哲學家麥金泰爾（Alasdair MacIntyre）寫道：「美德不過是那些能讓自由人維持自身角色的特質，還有那些能讓他們展現自身職責所需的行動。」換句話說，英雄為了履行職責，有時候他需要體力，有時候他需要狡詐。美德就在於具有那些所需的卓越表現。

精熟技能與卓越表現就本身來說，本來就具備某些意義性。如同哲學家約翰．羅爾斯（John Rawls）的說明：「人類喜歡對於認知能力（無論是他們與生俱來，或受訓而得的能力）的鍛鍊，他們認知到越多能力，或者能力的複雜程度越是增加，樂趣也隨之增加。」能夠勝任某些技能非常有價值；生命中某些活動讓我們體會到勝任感、精通性與熟練感，於是能從中獲得意義感。不然我們該如何解釋，人類花了大量時間精進技術，然後除了技術本身之外沒有任何意義？當然有的，比方職業運動或者藝術這類發展越完善的領域，總有數百億的金錢湧入，因為無論在競爭、表演或者藝術表現，人類的出色表現，我們似乎百看不膩。不過當我們想到一般人精通的各類瑣事，例如一邊搖著呼拉圈一邊用水橇滑水、彈奏空氣吉他、西洋棋拳擊，或者精進沖泡咖啡的技巧。以下是赤裸裸的真相：不管什麼領域的卓越表現，大家都很喜歡看，而且也能從中獲得意義。

根據自我決定理論（self-determination theory）的概念，勝任感是基本心理需求。發展許許多多各種不同的能力，對我們這種演化的物種來說最為有利，畢竟我們永遠不知道哪種技能可能救我們一命。如果沒有遭遇直接威脅，發展或者磨練往後可能用得上的能力，或許是我們利用時間的最好方式。與獲取技能相較之下，閒散是比較糟糕的生存策略。因此，演化讓我們會去注意任何學習新技能的機會，當我們感覺自己能夠把事情做得更好的時候，也能從中得到滿足感。學習以及個人成長是滿足感的絕佳來源，而且能讓我們感覺自己的生命有所進展。只要我們能夠沉浸於自己精熟的活動，我們有時甚至會專心到忘記外在的世界。心理學家米哈里・契克森米哈伊（Mihaly Csikszentmihalyi）創造了「心流」（flow）一詞來描述這樣的情況，如果運動員或藝術家專注於極具挑戰的任務，他們有時會進入深度全神貫注的狀態。全神貫注的狀態下，個人的注意力和精力完全投注於手邊的任務，毫不費力地執行，意識與潛意識和諧一致。契克森米哈伊將之視為內在體驗的理想狀態，並且了解到這項經驗本身非常愉快，所以「即使需要極大代價，大家還是會為了去做而做」。人類追求挑戰，這麼一來他們就能應用自己的技能，不只是為了之後能有所成就，而是因為那些全神貫注的時刻常是他們最能感受到生命力的時刻。針對四千個美國人的調查結果確實顯示，他們當中約有四百人主動提到「人生中的掙扎」也是意義的來源之一。後來，我就認為精熟與挑戰能夠成為生命中意義的重要來源。

不過，還是要再次強調，精熟雖是意義之源，但不見得要從什麼非凡事物而來，理解這一點非常重要。攀登聖母峰，或者獨自駕船航行全球，這些事當然可能給人強烈的精熟感，至少他們贏得了讚美，而且會是雞尾酒會上很棒的話題。不過，在我們的日常生活中也能體會精熟感。我跟我的小孩玩球的時候就感受到了精熟感，先別管他們身高只有我的一半，或者在我日常通勤的路上，騎著腳踏車爬上少數較陡的小丘之時。透過精進俄羅斯方塊的技術，讓我有辦法把最後一個盤子擺進洗碗機，這也讓我感覺到小小的成就感。對某些人來說（至少就我聽說的），甚至就連清掃房子也能成為精熟感以及享受的來源。這些聽起來像是瑣碎又微小的時刻，不過就是這樣大大小小的成就與時刻，讓我們從每天的日常生活中獲得意義。

除了能夠在瑣碎時刻品味精熟感，針對我們可以獲得更強烈的精進感的領域，積極尋找機會發展技術也很棒。例如說在工作上，想要進一步得到更有挑戰性的角色，有些技能是必須的，合理的做法就是多留意那些必要技能，同時要有條理地訓練並磨練特定技能組合。工作之餘，確定自己有幾個快樂的嗜好，你能夠從中感覺自己體驗到精通感，或能從中學習。

藉由精通感與興趣完成自我實現

我們從事某項活動，並從中感到深刻的精熟感與濃厚的興趣，這項活動本身就成了自我實現的來源。我所說的自我實現是什麼意思呢？今天，這個詞很常被人提起，用來描述從瑜伽的意識管理到新時代的信仰體系。不過我認為自我實現是更為簡單且世俗之事，自我實現代表能夠同時滿足兩種需求：自主性與勝任感。如果你能找到一件事是自己喜歡做，並且覺得能力可及、足以勝任，你將會在追求的過程中，體驗到個人的滿足感，或者自我實現。要是缺少其中一樣，你就不會感受到自我實現。比如說，無論進行特定活動會讓你多麼激動，如果在過程中，你不覺得自己能夠完成任何事，或是覺得動彈不得，你會越來越沒有從事這件事的熱情。若情況如此，而且似乎沒有學習或成長的機會，接下來就不可能維持動機，你通常會認定這個活動或許不適合自己。不過反過來也成立：無論你多麼擅長某事，如果你沒有興趣，就不會從中感受到個人的實現感，也不會藉此自我實現。如果天分不在你有興趣的領域，可能很快就成了陷阱。幸運的是，你也可以找到自己有興趣而且想從事的活動，不過你也必須能夠想辦法一定程度地精通此技，重點是你是否願意花好幾個小時練習。一旦興趣和精通在某件事上有了交集，就能達到自我實現。

與他人保持聯繫，也與自己保持聯繫：通往更有意義生活的兩條路線

想在世上活得壯麗，只要知道如何工作，以及如何去愛，為了自己所愛的人工作，並且熱愛自己的工作。

——**托爾斯泰，〈給瓦萊莉亞的信〉，一八五六年**

邁向更有意義的生命可能有許多途徑，不過一般來說，我認為有兩條通往意義生活的關鍵途徑，包含與自己保持聯繫，還有與他人保持聯繫。藉由尋求本真性與精熟感，你與自己保持聯繫；透過建立親近關係並且做出正面貢獻，你與他人保持聯繫。保持與自身的聯繫能讓你體會到自我實現，這點關乎本真性，關於能夠做出自

主的選擇，追求自己的興趣，在言語和行為方面都能展現真正的自己。你不是順從外在的期待，而是能夠對自己真誠。這也關乎精熟感，你更了解自己，也掌握自我成長的所有面向，能夠將自己剛發現的自知、技巧和能力應用到日常生活。

與他人保持聯繫則與社會實現有關，藉由與你所關心的人保持聯繫，建立良好關係，而且能夠花時間跟你珍愛的人相處。不過這也與理解有關，知道你的人生能對其他人產生正面的影響，儘管規模不大，但你有能力產生改變。我之前就提過，我會再說一次：透過聯繫與付出，你對其他人有意義，因此使自己的生命有意義。不過這個建議只涵蓋了社會實現方面的意義生活，想要進一步納入個人實現的概念，我必須修改我的一套說詞。有一位哲學家走進酒吧，有人要求他把生命中的意義濃縮成一句話。現在我的答案是：人生中的意義就是做一些對你來說有意義的事（個人實現），而且進行的方式要讓你自己對他人有意義（社會實現）。

這兩種關鍵途徑該怎麼創造，當然取決於你；它們完全依照你個人的興趣、價值觀、技術和人生狀態。只有你能夠將自主性、勝任感、自我連結性，還有善行這些單獨的特質，連結到你自己生命的特質與可能性。你那熱情且對政治很感興趣的朋友，她可能會運用自己的演講天分（自我實現）辯論某個她所關心的議題（與他人聯繫）。你擁有音樂天分的同事可能會在車庫樂團中彈吉他（自我實現），跟團員快樂地享受相聚時光（與他人聯繫）。醫院門口的保全可能會喜歡因為維持每間病房的整潔衛生（與他人聯繫），帶來的實際結果（自我實現）。對我們許多人來說，為人父母是同時能夠展現自我與奉獻付出的方式，很多人的嗜好和他所從事的義工工作也如此。當然，有時你生命中的某個面向可能會滿足其中一項需求，而其他面向則能滿足另一個。擁有個人非常有興趣但單打獨鬥的工作，可能會透過閒暇時間經營的關係來彌補。不過無論你處在生命的哪個階段，什麼樣的技能讓你展現自我，而且對整體世界做出貢獻，思考這件事總是好的。

非常有意義的時刻

我生命中非常有意義的時刻最近才剛發生：我五歲的兒子和我一起進行了第一次的腳踏車之旅，前往距離我們家幾英里之外、海邊的咖啡館。我能清楚回想起我們一起待在咖啡館的每個細節：我喝了杯咖啡、他安安靜靜地喝著他的果汁、陽光燦爛、微微的海洋氣息，彷彿今天才剛發生。我啜飲著咖啡，腦中也閃現過去的記憶，回想起我兒子小時候踏出的第一步，也享受著騎完車之後安靜放鬆的時光。我的思緒還飄向未來，他已經長大到可以騎上自己的腳踏車，讓我想像著其他的腳踏車之旅和咖啡時光，那些他和我還沒能共享的安靜時刻，可以說同時間體驗了過去、現在，以及未來。我的狀態是純然的喜悅，源於當下湧現的意義感。我自己真的非常放鬆，徹底沉浸於當下，或許因為常伴兒童的無憂無慮，我兒子也沉浸在此刻。我們分享了兩人之間的空間，這一刻帶著深深的歸屬感，是充滿愛的時刻。

在這一刻，所有意義感的關鍵要素俱在。能夠騎腳踏車讓我覺得很開心，能夠透過一向喜愛的活動展現自己。我兒子因為精熟新技能而生的喜悅，我也同時感受並且分享了他的喜悅。因為自我表達的體驗，以及共享的精進感，我覺得自己與兒子有所聯繫，結果產生更深刻的歸屬感。身為父親，我很驕傲也很開心能讓兒子進行這次探險，而因為一起出門而讓他感受到的興奮與快樂，不但讓我十分快樂，也增加了我的貢獻感。過去、現在，以及未來。展現自我、精熟感、歸屬以及貢獻，要說人生中的意義，這些不就夠了嗎？

我的故事當然並不特別，我很確定在你的生命中，曾經跟你珍愛的人（或最近剛認識的人）度過類似時刻。那樣的時刻對我來說是一抹微光般的存在，無論原因為何，但一切到位，所有關於意義感的元素似乎彼此同步，而你完全沉浸於自己的生命。在這一刻，與他人產生聯繫，以及與自己產生聯繫，兩件事彼此交融。既是個人也是社會的實現，這代表著最重要的意義。

意義感並非遙不可及或珍稀難得之事，這種體驗存在我們日常生活中許許多多的片刻，可能比較強烈也可能比較微弱。《意義：

邁向美好而深刻的人生》（*The Power of Meaning*）的作者艾蜜莉・艾斯法哈尼・史密斯（Emily Esfahani Smith）主張，意義「並非揭開什麼重大的秘密，而是停下來對著報攤小販打聲招呼，或者對有點低落的同事伸出援手。是幫助別人變得更好，並且成為一個對小孩來說更好的家長或導師。」這是社會實現的微小時刻，但個人實現的小小時刻也會出現，只要我們旁若無人地跳起舞來，或者在通勤上下班的路上看書看得忘我。它們此時此刻就充滿了意義，不過如果我們能夠想辦法讓這些時刻與過去產生連結（比方說，你小時候和祖母一起做過），或者與我們未來的目標產生連結，就能進一步強化這些時刻的意義感。如同托爾斯泰在生命最低潮時期的領悟，無論你正處於人生的什麼階段，跟你自己保持聯繫，還有跟那些讓你的生命充滿意義的人、價值觀以及興趣保持聯繫。

托爾斯泰遭受強烈、令人疲乏的存在危機，於是深入探究，決心搞清楚什麼才是他生命中真正重要的事物。他脫離消沉沮喪的方法，他稱之為最後「兩滴蜂蜜」，是他在這個世界上的錨點：「對家人的愛」以及「對寫作的愛」。換句話說：與他人的聯繫，和與自己的聯繫。你的兩滴蜂蜜又是什麼呢？

用手邊的東西湊合

你需要感受多大的意義感，根本上取決於你。本真、精熟感、歸屬還有貢獻需要到什麼程度，才能讓你體驗到人生的意義，你的標準由自己設定。對我們多數人來說，只要能體驗到日常水準的付出，就足以體驗到正向影響。我們不可能每個人都是尼爾森・曼德拉（Nelson Mandela）或者金恩博士（Martin Luther King Jr.），就是這一點讓他們不同於我們其他人。我曾經前往安養院進行觀察性研究，一直念念不忘那段日子觀察到的某個場景：兩位年長的住民接手，替護理人員摺好每天的亞麻布巾。那兩位女子非常專心、非常投入而且非常慎重的處理她們的任務。這些護理師幫了她們很多，但身為住民，她們很少有機會能夠付出，不過現在她們有這個機會，替護理師分攤一些工作。摺亞麻布巾本身不是很困難的任務，這跟曼德拉的成就相距甚遠。然而，考慮到她們的處境，這是個完美的機會，她們能夠滿足自己做出貢獻的需求。透過讓自己對護理師有用，她們也能夠增加自己生命的意義感。

因此參考你的人生與處境，設定恰當的意義標準。如果你幸運的擁有這樣的機會，能做出重大貢獻、建立深厚關係，或者有機會展現世界水準的精熟感，而且還是你覺得自己能好好表現的項目，那麼一定要設定偉大的目標，讓你超越自身的極限，達成不可能的任務。如果你擁有過量的資源，無論是財務方面、社會方面、智識方面，或者其他任何資源，請充分利用，並且至少回饋自己的所得。不過如果你的狀況困難，就用你擁有的，然後試著獲取某些可能性，無論以你的狀況來說這代表什麼意思。意義感既是關於體會，也是關於獲得。能夠辨識出已經存在生命中的微小意義感之源，以及那些極小的途徑，你就能夠藉此進一步改善你與他人的關係，與你所感受到的貢獻度、精熟感與自我表現，這樣就足以讓我們大多數人感覺到生命有其價值。

不要把你的人生當成一個計畫來過，而是要活出自己的故事！

最後再提醒一點，你想讓自己的人生變得有意義，但別讓這個計畫阻礙了你體驗人生中的意義。現代西方文化灌輸我們這樣的觀念，把自己的生命當成計畫。有人教你設定目標、制定計畫、拒絕平庸，確定投注心力的優先次序，這些都打著獲取最大效益的名號，西式人生的聖杯：成功。如果你把自己的生命視為一個計畫，你的人生價值將取決於這個計畫是成功還是失敗。既然這些成果通常只會在遙遠的未來實現，這整段通往（你可能抵達，也可能永遠抵達不了）那個時間點的過程，就成了沒有價值的乏味勞動。最糟糕的情況是，事情可能演變成，如果你不覺得痛苦，就是不夠努力的徵兆，研究科學家艾瑪．賽柏拉（Emma Seppala）觀察史丹佛大學的學生中那種瘋狂的成就導向文化之後，提出這樣的說法。這些任務的問題在於它們讓你的人生變成一種工具，不再關心怎麼過生活，而是利用生命來獲取某些事物。就算渴望的對象從金錢、名聲和成就，轉為幸福和意義，也是一樣。對於最大化財富、社會地位或者工作成就提出質疑，儘管這樣的思考十分明智，不過若只是轉換執迷標的，那就沒有意義了。你還是利用自己的生命去獲得某些事物，而非擁抱生命，好好過生活。只關注最後的結果，你就看不見那些閃閃發亮的小小日常時光，但正是那些時刻能讓生命充滿意義。

別把你的人生當成計畫，盡量當成故事，這則故事百分之百來自於你的遭遇、體驗、見證與表達。無論發生了什麼事，不管這些事是好是壞，是自己的選擇或者由外力強加而來，都是故事的一部分。你的故事中這些章節，包含了你所擁有的各式強項與弱點、怪僻和獨特之處。

故事也不是競賽，故事會開展。故事叫人們採取行動，懇求角色做出選擇。身為自省的生物，我們熱愛好故事，而且我們有很好的理由：我們用故事來傳授教訓，無論是德性或個人方面。我們用故事來娛樂自己，不過也大致反映了我們生活的這個世界，並且賦予其意義。在這個常常令人困惑的複雜世界中，我們透過故事修復美感與理性。當然，故事當中包含許多任務，畢竟大型任務是好故事的絕佳材料。不過任務只是故事的一部分。別讓任務支配了你、你的世界觀，或者你對生命意義的體認。到頭來，你人生的故事就在此刻展開，而根據約翰・杜威的說法，你只能力圖「為了此刻，充實當下」。

古老的東方故事提到一個旅行者，他安然地走在草原上，結果突然遇到老虎。旅行者為了逃命來到懸崖邊，然後縱身一跳。他驚恐地發現懸崖下方有隻巨鱷等著他，張大了嘴準備吞掉他。旅行者迅速抓緊了長在懸崖邊的野生灌木細枝。他困在兩個恐怖的選項間：猛虎在上，巨鱷在下。兩隻大老鼠開始啃咬他掛著的樹枝。他明白自己難逃一死。

托爾斯泰用這個故事來描繪他生命的狀況，發生存在危機時，他將自己視為那個旅行者，無法享受生命提供的任何事物，因為他都只顧著那隻大老鼠還有那尾巨鱷。不過托爾斯泰還從這個禪宗公案中得到更多啟發：旅行者並不掛念無法避免的死亡，反而專注於此時此刻還能享受的美景。樹枝旁有一些閃閃發光的草莓，他用另外一隻手摘了一些。他一邊吃著草莓一邊思考著，它們真甜！

生命可能會在某天結束，但隔天卻不然。在這些隔天裡，我們有機會去欣賞美麗的事物、創造意義，並找尋甜蜜。美好的人生，是能夠敏銳察覺我們日常生活的微小奇蹟。著名的禪學大師艾倫．W．沃茨（Alan W. Watts）進一步推展了這個想法，他將生命比喻為音樂。他提到，音樂創作並不會在譜曲完成後就結束。演奏曲目時，也不會是最快完成演奏的人贏。音樂的意義不在於完成演奏，而在於演奏過程中發生的一切，「我們總將人生進行類比，像一趟旅行或者朝聖的行程，最後總有個認真的目標。重點是到達終點，獲得成功或什麼的，或者甚至是死後上天堂，不過我們卻錯過了整路的風景。這應該像音樂那樣，只要音樂開始播放，你就該歡唱或舞動。」有一天音樂將會停止。在那之後沒人知道會發生什麼事。不過沒有道理安安靜靜地等待著。如果你讀到這邊，那麼你的音樂還在播放。出門去跳舞吧。

結語

你身體內的每個原子都由某個爆炸的星球而來……我們都是星塵……那些星星死去，於是你今天能夠出現在這裡。

——理論物理學家兼宇宙學家勞倫斯．克勞斯，《無中生有的宇宙》，二〇〇九年出版

人類由氧、碳、氫和許多其他原子組成，卻擁有去愛、歡慶、哀悼、歌唱、舞動，還有做夢這些令人驚嘆的能力，這是個應該感念的奇蹟。我們越能體會到人類生命的出現是多麼隨機且不可思議的事件，我們就越該感謝我們每個人都擁有獨特的一生可活。就算是在缺少任何絕對價值的宇宙觀之下，人類的存在仍有其價值與意義，你所賦予的意義，讓這個存在變得重要。

比起冥思著生命的意義，更該專注於生命中的意義。生命中的意義並非關於整體人類的生活，而是與你的生命有關。關於你能夠如何體會自己獨特的存在，認為這段生命有其意義，且值得一活。體驗自己獨特的存在，認為這段生命有其意義，比你以為的還要簡單：與自己的內心保持聯繫，從事那些對你來說有意義的活動，追尋這類目標；找到自己能夠好好發展，並且應用自己精熟能力的領域；然後也與其他人保持聯繫，與他人建立深厚的情誼；對別人釋出善意，並為他人做點好事。這四個意義來源聽起來可能不太新鮮，不過這就是它們的力量所在。你（還有其他人）都已經意識到這些很有價值，因此對於有意義的存在，它們是很好的基礎。別再追逐過往年歲的幻影，別再渴求來自上位者強行施加的生命意義，別再讓其他人為你的人生設定標準。請專心讓你自己的，還有那些你所關心的人的生命更有意義。

這個勸告可能聽起來很簡單，其中包含著通往有意義生存的道路。如同卡繆所說的：「如果這件事昭然若揭，那麼單單一個事實，就足以引導一個人的存在。」

致謝

把玫瑰扔進深淵，然後說道：「那些不知該如何將我生吞活剝的怪物們，這是我的謝禮。」

——**尼采，《遺稿》，一八八三年出版**

寫一本書要用上全村之力，如果少了我跟這一大群人（研究人員、哲學家、朋友、家人，還有旅館露臺上的陌生人）的各種對話，或者沒有在這些年有幸讀過那些發人深省的文章和書籍，這本書就不會存在。因此，與其說完全是我的創作，這本書更是我所萃取的精華，來自與朋友、家人以及陌生人的對話，也來自各位作者以及同事們的文字，我認為自己非常有幸能從中學習。雖然做不到一一點名，不過有幾個人對於這本書的誕生有最為直接的幫助。

首先我想要感謝 Signe Bergstrom，為了將宏大的哲學觀念與論文轉換為易讀的見解，她提供了寶貴的協助。她真的耗費很多氣力和我一同思考，這些觀念該如何安排與呈現，如何寫得吸引人。寫這本書的時候，有她這麼一個團隊成員，提供了極佳的學習經驗，因此我要熱忱地感謝她的投入。此外，對於 Harper Design 團隊，我想要感謝 Elizabeth Viscott Sullivan 和 Marta Schooler，她們兩位相信這本書，並且大力協助使之成形。我也想謝謝 Roberto de Vicq de Cumptich 美妙的設計。除此之外，我特別想要感謝我的經紀人 Elina Ahlbäck 和 Rhea Lyons 以及他們的團隊，他們十分努力改善我的提案、支持我，並且不斷宣傳這本書，讓我的書能夠出版，讓寫書的點子成真。

許多人若不是針對手稿提出建議，就是在我寫書的時候跟我進行了很有意義的對話，這些見解以各種形式影響了這本書。感謝你們提供嶄新的想法，挑戰我的見解，還給了我很有幫助的回饋，協助我改善我的論點：Ed Deci Adam Grant、Antti Kauppinen、Laura King、Dmitry Leontiev、Jani Marjanen、Thaddeus Metz、Gregory Pappas、Holli-Anne Passmore、Anne Birgitta Pessi、Richard Ryan、Esa Saarinen、Emma Seppala、Kennon Sheldon、Michael Steger、Jaakko Tahkokallio、Wenceslao Unanue和Monica Worline，還有赫爾辛基大學道德與政治哲學研討會（Moral and Political Philosophy Research Seminar）的參與者，以及哈佛大學生命的意義大會（Meaning of Life Conference）的參加者。也感謝我的朋友和同事，謝謝你們陪我一起走過的旅程，也謝謝你們幫助我長成今天的自

己：Lauri、Karkki、Tapani、Timo，和其他來自哲學學院的夥伴；我的哲學學生 Eetu、Hanna、Johanna、Kalle、Markus、Matti、Sanna 和 Reima；我的閱讀小組還有一起踢足球的球友 Akseli、Antti H.、Antti T.、Janne、Jouni、Juha、Mikko、Olli、Timur、Touko 和 Ville；我的兄弟姐妹以及他們的伴侶 Eero、Tiia、Anna 與 Tomi！

我還想謝謝約翰・杜威（John Dewey），他是大我一百年的哲學導師，他的作品提供了堅實的基礎，讓我可以在其上構築自己的見解，我很驕傲自己能站在這個人的肩膀上。

最後，我想謝謝我的雙親 Heikki 和 Maarit，他們給了我充滿鼓勵的成長環境，非常支持我。擁有大書架，又有時間可以閱讀，這是父母能給自己的孩子最好的禮物，這也是我想要給我自己的孩子

Vikkeri、Roki和Tormi的禮物。還有我的伴侶Piret，謝謝她在這個計畫過程中的協助，也謝謝她給了我一個家，這些對我來說就是人生中意義感的關鍵！

國家圖書館出版品預行編目資料

人生不需要計畫，而是要活出自己的故事/法蘭克．馬特拉 著；新新 譯．-- 初版．-- 臺北市：平安文化, 2021.10
面；公分．-- (平安叢書；第695種)(Upward；123)
譯自：A Wonderful Life: Insights on Finding a Meaningful Existence

ISBN 978-986-5596-37-8 (平裝)

1. 自我實現 2. 人生哲學

177.2 110013553

平安叢書第695種
UPWARD 123

人生不需要計畫，而是要活出自己的故事

A Wonderful Life: Insights on Finding a Meaningful Existence

作　　者—法蘭克．馬特拉
譯　　者—新　新
發 行 人—平　雲
出版發行—平安文化有限公司
臺北市敦化北路120巷50號
電話◎02-27168888
郵撥帳號◎18420815號
皇冠出版社(香港)有限公司
香港銅鑼灣道180號百樂商業中心
19字樓1903室
電話◎2529-1778　傳真◎2527-0904
總 編 輯—龔橞甄
責任編輯—陳思宇
美術設計—萬亞雰、李偉涵
著作完成日期—2020年
初版一刷日期—2021年10月

法律顧問—王惠光律師

讀者服務傳真專線◎02-27150507
電腦編號◎425123
ISBN◎ 978-986-5596-37-8
Printed in Taiwan
本書定價◎新臺幣320元/港幣107元